湖北省学术著作出版专项资金资助项目

现代航运与物流:安全·绿色·智能技术研究丛书

锚泊移位型工程船舶系统建模、自动控制与工程应用

黄　珍　著

武汉理工大学出版社

·武汉·

内 容 提 要

本书是在多年锚泊移位型工程船舶科研实践的基础上完成的。全书共分为 7 章,主要内容包括锚泊移位型工程船舶的运动模型建立、工程船舶运动模型与控制器的优化设计、锚泊移位型工程船舶控制系统工程应用等。既有理论研究成果,同时也开发了软件系统,并在重庆、武汉、宜昌等多地进行了实际应用,取得了良好的应用效果。本书可以作为高等学校交通运输工程、控制科学与工程等教师和学生的教材,也可以作为航道管理部门的参考用书,为工程船舶管理提供技术指导与借鉴。

图书在版编目(CIP)数据

锚泊移位型工程船舶系统建模、自动控制与工程应用/黄珍著. —武汉:武汉理工大学出版社,2016.8

ISBN 978-7-5629-5318-0

Ⅰ.①锚… Ⅱ.①黄… Ⅲ.①移位-抛锚船-工程船-船舶系统-系统建模-研究 ②移位-抛锚船-工程船-船舶系统-自动控制系统-研究 Ⅳ.①U674.3

中国版本图书馆 CIP 数据核字(2016)第 208339 号

项目负责:陈军东 陈 硕
责任编辑:陈 硕
责任校对:雷红娟
封面设计:兴和设计
出版发行:武汉理工大学出版社
　　　　　武汉市洪山区珞狮路 122 号 邮编:430070
　　　　　http://www.wutp.com.cn
　　　　　E-mail:chenjd@whut.edu.cn
经 销 者:各地新华书店
印 刷 者:湖北恒泰印务有限公司
开　　本:787×1092 1/16
印　　张:11
字　　数:195 千字
版　　次:2016 年 8 月第 1 版
印　　次:2016 年 8 月第 1 次印刷
定　　价:58.00 元(精装本)

凡购本书,如有缺页、倒页、脱页等印装质量问题,请向出版社发行部调换。
本社购书热线电话:(027)87515798 87165708

出 版 说 明

航运与物流作为国家交通运输事业的重要组成部分,在国民经济尤其是沿海及内陆沿河沿江省份的区域经济发展中起着举足轻重的作用。我国是一个航运大国,航运事业在经济社会发展中扮演着重要的角色。然而,我国航运事业的管理水平和技术水平还不高,离建设航运强国的发展目标还有一定的差距。为了研究我国航运交通事业发展中的安全生产、交通运输规划、设备绿色节能设计等技术与管理方面的问题,立足于安全生产这一基础前提,从航运物流与社会经济、航运物流与生态环境、航运物流与信息技术等角度用环境生态学、信息学的知识来解决我国水运交通事业绿色化和智能化发展的问题,促进我国航运事业管理水平与技术水平的提升,加快航运强国的建设。因此,武汉理工大学出版社组织了国内外一批从事现代水运交通与物流研究的专家学者编纂了《现代航运与物流:安全·绿色·智能技术研究丛书》。

本丛书第一期拟出版二十多种图书,分为船港设备绿色制造技术、交通智能化与安全技术、航运物流与交通规划技术、内河航运技术等四个系列。本丛书中很多著作的研究对象集中于内河航运物流,尤其是长江水系的内河航运物流。作为我国第一大内河航运水系的长江水系的航运物流,对长江经济带经济发展的促进作用十分明显。2011 年年初,国务院发布《关于加快长江等内河水运发展的意见》,提出了内河水运发展目标,即利用 10 年左右的时间,建成畅通、高效、平安、绿色的现代化内河水运体系,2020 年全国内河水路货运总量将达到 30 亿吨以上,拟建成 1.9 万千米的国家高等级航道。2014 年,国家确定加强长江黄金水道建设和发展,正式提出开发长江经济带的战略构想,这是继"西部大开发""中部崛起"之后的又一个面向中西部地区发展的重要战略。围绕航运与物流开展深层次、全方位的科学研究,加强科研成果的传播与转化,是实现国家中西部发展战略的必然要求。我们也冀望丛书的出版能够提升我国现代航运与物流的技术和管理水平,促进社会经济的发展。

组织一套大型的学术著作丛书的出版是一项艰巨复杂的任务,不可能一蹴而就。自 2012 年开始组织策划这套丛书的编写与出版工作,期间多次组织专门的研讨会对选题进行优化,首期确定的四个系列二十余种图书,将于 2017 年年底之前出版发行。本丛书的出版工作得到了湖北省学术著作出版专项资金项目的资助。本丛书涉猎的研究领域广泛,在这方面的研究成果众多,首期出版的项目不能完全包含所有的研究成果,难免挂一漏万。有鉴于此,我们将丛书设计成一个开放的体系,择机推出后续的出版项目,与读者分享更多的我国现代航运与物流业的优秀学术研究成果,以促进我国交通运输行业的专家学者在这个学术平台上的交流。

现代航运与物流:安全·绿色·智能技术研究丛书编委会
2015 年 8 月

前　　言

　　长江口深水航道治理工程中,使用了大量适应施工需求的专用工程船舶,如挖泥船、铺排船、抛石船等,这些工程船一般为非自航锚泊型船舶,而且大多数是由其他船舶改装而来,自动化作业程度普遍比较低。在目前市场经济的大背景下,拥有高自动化程度的工程船就意味着效益和成绩,因此研究工程船锚泊移位自动控制系统,对提高工程船施工作业精度、速度有较大的实际应用价值。

　　笔者在多年科学研究及工程实践应用的基础上,形成了本书。首先介绍了锚泊移位型船舶的系统建模。在已有文献研究的基础上,借鉴常规船舶模型分析方法,分析该类型船舶的运动机理和特点,提出了锚泊船二维和三维的线性运动模型。同时针对该类型船舶的特点和工程应用要求,基于神经网络辨识方法,提出了一种面向锚泊移位型工程船舶的系统辨识模型。以一类典型的锚泊移位工程船——软体铺排船为例,依托工程实践采集的实验数据对神经网络模型参数进行学习训练,得到铺排船纵向位移模型。

　　针对建模和控制的优化问题,分析了量子粒子群算法(Quantum-behaved Particle Swarm Optimization,QPSO)。作为 QPSO 算法中唯一的参数,本书从问题依赖性、种群规模等多方面对收缩扩张系数 β 进行了大量的实验分析,根据实验结果得到该参数选取的指导性准则。为提高收敛速度,本书提出了一种改进的 QPSO 算法。通过仿真实验对比分析,该改进算法的收敛速度相对于标准的 QPSO 算法有显著的提高。利用改进的 QPSO 算法对铺排船纵向位移模型参数进行了优化训练,优化后的模型作为自动控制系统设计和仿真的对象模型。基于模糊逻辑设计了工程船舶航迹保持控制系统,并利用改进的QSPO算法对模糊控制器的模糊规则和隶属函数进行了优化设计。系统仿真实验结果表明,改进的 QPSO 算法应用于模糊控制器的参数设计是可行和有效的,控制系统的动、静态特性指标均能满足工程实践的要求。

　　我们提出了一种基于自适应神经-模糊推理系统(Adaptive Neuro-Fuzzy Inference System,ANFIS)的工程船舶自适应控制器网络结构,使控制器参数可随环境因素变化以适应不同的施工任务。采用改进的QPSO算法对自适应航迹保持控制网络的前、后件参数进行了优化设计。与基于 Fuzzy 的航迹保持控制器的对比仿真实验结果表明,基于 ANFIS 的自适应航迹保持控制器的控制效果在动、静态性能方面均有提高。我们提出了基于 ANFIS 的航迹航向多变量自适应控制器网络模型,网络模型采用子网络并行学习模式,利用多个粒子群对应各子网络参数,使得网络优化训练过程简单、快速。结合工程船舶施工实际状况,选取典型实例对该自适应控制系统进行了仿真实验,实验结果显示该控制网络能够满足工程船舶多目标控制要求。

结合实际工程项目,将基于模糊逻辑和 QPSO 优化算法的航迹保持控制系统应用于软体铺排船控制系统中,同时综合应用 PLC 控制网络技术、GPS 定位技术、多传感器信息融合技术、现场总线技术等先进的技术与手段,开发研制了一套软体铺排船作业综合自动监控系统。实船应用数据充分反映了本书探讨的工程船舶锚泊移位智能控制系统的有效性,对于同类型工程船舶自动化水平的提高提供了一套切实可行的实施方案。其研究成果可推广应用到类似工程船舶的自动作业系统中,对相关领域的研究也有一定的参考价值。

本书是在课题组多年科研实践的基础上完成的,既有理论研究成果,同时也开发了软件系统,在重庆、武汉、宜昌等多地进行了实际应用,取得了良好的应用效果,并在中央电视台等媒体上进行过专题汇报。本书在撰写过程中得到刘清、郭建明等老师的帮助和支持,书中大量实验数据的获取,离不开长江航道局、重庆航道工程局等单位的大力支持,同时本书参考了大量的国内外文献,在此一并表示深深的谢意。本书可以作为高等学校交通运输工程、控制科学与工程等专业教师和学生的参考教材,也可以为航道管理部门对专业工程船舶进行管理提供借鉴。

黄　珍

2016 年 3 月

目　　录

1 绪　　论

1.1　问题的提出及研究的意义

近年来,随着我国大力推进资源节约型和环境友好型社会建设,对长江航道的投入逐年增加,开展了一大批航道整治工程,长江航道通过能力大幅提升。长江口深水航道整治工程于 1998 年 1 月 27 日正式开工,到 2010 年 3 月 14 日三期工程全线贯通,历时 12 年、耗资 150 多亿元打造出一条全长 92.2km、水深 12.5m、底宽 350~400m 的双向"水上高速通道"。这不仅是迄今为止中国最大的水运工程,也是世界最大的河口整治工程。多年来,我国一大批学者、专家为整治长江航道进行了不懈努力和艰苦卓绝的工作,积累了大量宝贵的工程实践经验[1,2]。"十二五"期间,长江航道建设即将进入一个大规模、高标准、快速度的全新发展机遇期。未来十年,国家将投资 430 亿元建设长江航道,其中用于航道整治的达 300 亿元。

在长江流域修建导堤、丁坝、潜堤等整治建筑物,对现有堤坝进行护堤、护坡作业等是目前普遍应用的整治方法。配合该项工程开发了大量适应施工需求的专用工程船舶,如挖泥船、铺排船、抛石船等,这些工程船舶一般为非自航船舶,依靠锚泊系统实现移船,而且大多数是由其他船舶改装而来,自动化作业程度普遍比较低。施工作业中,船舶效能的充分发挥在很大程度上还依赖于操作人员的技能,设备利用率和生产效率都较低。船舶的移位和定位控制大都采用手动方式来实现,这要求操作者应具有相当丰富的工作经验,根据工程船舶的航向、航迹以及风、浪、流作用力的方向和大小,来协调控制各锚缆的收放长度及速度,从而实现移船和定位,这种手动控制方式不可避免地会降低移船和定位精度。

目前,长江航道整治工程均以工程投标的形式进行,施工作业的精度是考量工程质量的重要指标,也是整治工程成功与否的关键,而提高施工作业的速度将大大减少工程施工成本。长江沿线各航道局均在修建用于整治工程的各类工程船舶,拥有高自动化程度的工程船舶就意味着效益和成绩。因此,通过研究锚泊移位型工程船舶自动控制系统来提高工程船舶施工作业精度、速度,有较高的实际应用价值。

传统意义的船舶操纵系统是按照预先设定的最佳航行计划,控制船舶航行在预定航线上,同时实现避碰、避险的指令执行系统。

船舶根据是否有自航能力分为舵类船舶(带动力自航能力)及锚泊移位型船舶(非自航能力)。对于舵类船舶而言,船舶操纵性是指船舶借助舵保持或改变其航向和航迹的性能及借助于主机-螺旋桨保持或改变航速的性能。而对于非自航的船舶而言,其操纵性表现在对多个锚机的操纵,在工作时通过协调控制多个锚机的收、放缆动作和速度,保持或改变其航向和航迹。

针对舵类自航船舶的研究,包括其运动数学模型、"智能舵"的设计研究,经多年的发展已越来越趋于成熟。近几年来随着智能控制技术的发展,先进的智能控制技术在船舶操纵控制系统中得到大量应用[3-17]。对于工程船舶而言,它们没有自航能力,依靠锚泊进行定位和移动,因此应用于自航船舶的成熟的智能控制器不适用于该类型船舶。对于该类型船舶的相关研究在国内外也相对较少。

市场需求的迫切与研究成果的缺乏形成冲突,本书正是在这样的背景下,以长江中下流航道治理工程中的锚泊移位型工程船舶为研究对象,研究其系统建模方法、控制策略以及自动控制系统构成,将智能控制技术应用到工程实践中。其研究成果可推广应用到类似工程船舶的自动作业系统中,对相关领域的研究也有一定的参考价值。因此,本书的研究工作具有理论研究意义和工程实践意义。

1.2　锚泊移位型工程船舶概述

在船舶种类中,工程船舶船型多、用途广泛。《船舶工程辞典》中对工程船舶的定义为:按不同工程技术作业的要求,装配各种相应的专用设备,从事各种工程技术业务的船。由于工程性质不同,工程船舶类型繁多、设备复杂、专业性强,新技术、新设备应用较多且各具特色[18]。

工程船舶的主要特点是作业范围广、定位方便、吃水浅、受施工水域局限较小,因此,在港口建设、航道治理工程中能发挥重要作用。图 1-1 所示为几种典型的工程船舶。工程船舶一般没有自航动力,其定位、移位操作主要依靠拖船及抛锚艇协助作业。一般操作过程为先抛锚定位,然后根据工程需要操纵锚泊设备来实现船舶的精确定位与移位,由此可见,锚泊系统是工程船舶的重要组成部分。

图 1-1　几种典型的工程船舶

(a)绞吸式挖泥船;(b)软体铺排船;(c)大型起重铺管船;(d)海上石油勘探工程船

1.2.1　锚泊设备

锚泊设备又称抛锚系留,是船舶的一种停泊设备。常用锚泊设备有以下 3 种类型[19]:

① 临时锚泊设备　也称为航行锚泊设备,主要供船舶在锚地、港内或遮蔽水域等待泊位或潮水时作为临时停泊之用。

② 定位锚泊设备　主要是在作业时需要控制船位,或在有限范围内为改变船位的船舶所配置的锚泊设备。施工前通常以船舶本身为中心,向四周抛出若干个锚及锚索系住船舶,因此又可称为多点锚泊系统或者辐射状锚泊系统。

③ 深水锚泊设备　主要用于某些需要在深水进行系留作业的船舶,如海洋调查船、海洋测量船等,是根据作业水域的水深和环境条件所配备的专用锚泊设备。

诸如起重船、打捞船、潜水作业船、各种非自航挖泥船、软体铺排船、钻探船等需要定位作业的工程船舶,通常采用定位锚泊设备。锚泊设备主要包括锚、锚泊线(锚索链)、锚机及其他设备,如锚架、锚浮标等,不同类型的工程船舶需要根据作业水域的水深及作业要求的环境条件进行配置。

（1）锚

锚是锚泊设备的主要部件,抛入水中后能啮入底土产生抓力,并通过锚链而使船停泊在某一水域。

古代的锚是一块大石头,或是装满石头的篓筐,系在绳的一端抛入水中,以其重量使船停泊。后来有木爪石锚,即在石块两旁系上木爪,靠重量和抓力使船停泊。我国南朝已有关于金属锚的记载。中国古代帆船使用四爪铁锚,这种锚性能优良,至今在舢板和小船上仍有使用。现代锚用铸钢或锻钢制造,主要有四种:

① 有杆锚　锚爪和锚杆通常为一整体,并有一垂直于锚爪平面的横杆。有杆锚多为双爪,也有单爪。使用时一爪啮入土中较深,抓力大,但因有横杆,收藏不便,多用于小型船舶。有杆锚的主要类型有海军锚[图 1-2(a)]、单爪锚、佛山锚、日式锚等。

② 无杆锚　锚爪和锚杆可相对转动一定角度,无横杆。使用时两个锚爪同时啮入土中,起锚和收藏方便,使用最为广泛。无杆锚中具有代表性的为霍尔锚[图 1-2(b)]及其改良型斯贝克锚。

③ 大抓力锚　锚爪宽大,可转动一定角度,锚头或锚爪中部有突出的杆体,起稳定作用。因锚爪啮土面积大,抓力大,适用于砂质或土质松软的水底。大抓力锚[图 1-2(c)]的主要类型有丹福斯锚、马氏大抓力锚、快艇锚等。

④ 特种锚　形状与一般锚不同,如菌形锚,锚头呈菌状或伞状,啮入土中较深,抓力大,不易移动,多用作长期锚泊、定位,如作灯船、浮筒、趸船等的固定锚。

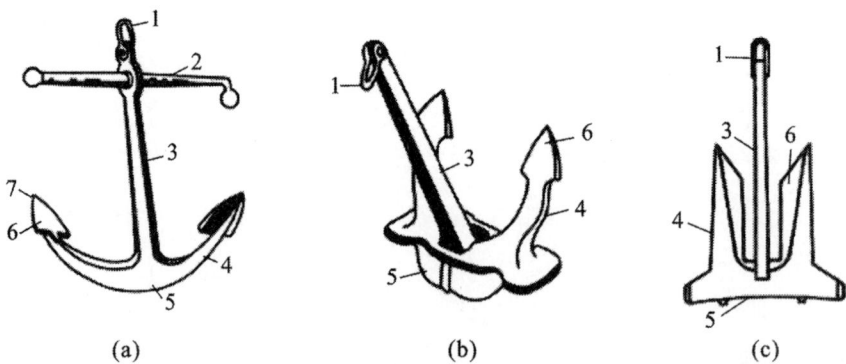

图 1-2　各种类型的锚

(a)海军锚;(b)霍尔锚;(c)大抓力锚

1—锚环;2—横杆;3—锚杆;4—锚臂;5—锚冠;6—锚爪;7—锚爪尖

由于长江航道一般都是沙质河床,航道整治工程中使用的工程船舶大多采用大抓力锚。

(2)锚泊线

通常说的锚泊线是由锚索、锚链以及配上各种样式的块重和浮力器件组成。典型的锚泊线材料有锚链、金属索、合成纤维绳。

① 锚链 一般由多个有档或无档链环连接而成。由于有档链环强度高于无档链环,因此在离岸作业锚泊系统中,大多采用直径64~102mm的有档锚链。普通锚链具有耐磨损的特性,但较重、造价高,因此早期的海洋工程中主要应用锚链作为定位系统,而现在一般在深水中不采用全链系统,只在与锚连接并触底的一段中使用。

② 金属索 一般都使用钢丝绳,由若干根钢丝先拧成股,再由若干股拧成索。多根钢丝缠绕在一起,构成复杂的结构,有螺旋形、6股或8股(型)、多股索等缠绕形式,如图1-3所示。钢丝索的中心是一纤维芯,它是钢丝索的基础,作用有两个,其一是当钢丝索承受载荷时,用来支持其他的股,使其保持在原位上;其二是使索易于弯曲。相比锚链,在提供相同的断裂强度下,索要轻得多,但抗磨损能力差。

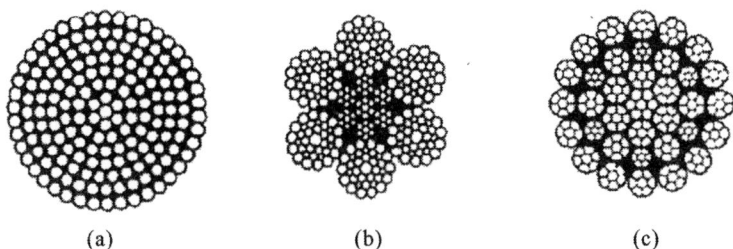

图 1-3 典型索结构

(a)螺旋金属索;(b)6股索;(c)多股索

③ 合成纤维绳 其材料包括尼龙、聚酯、聚丙烯等,具有质量轻、耐磨的特点。

综合考虑上述不同锚泊线材料的特点,当前的锚泊系统中多采用链索结合系统,即锚侧采用一小段锚链,船侧则采用锚索,既减轻系统的重量又满足定位要求。

为了控制锚泊系统的响应,一般在锚泊线中设置块重。块重的单位长度质量对锚泊系统的静力响应有影响,而其质量分布则对动力响应有很大影响。块重的形式可以是一个集中质量(一块重物),也可以是一段分布质量。集中质量的静力响应较好,而分布质量的动力响应较好。由于在锚泊系统中对动力响应的要求是主要的,因此,块重一般采用分布质量的形式。

锚泊线上设置的浮力器件,有浮筒、浮球和浮箱等,其作用主要是提供浮力以支持锚泊线及接于其上的仪器装置。

工程船舶在工作时,受到的环境力既有纵向的也有横向的,而且还有一定的转舷力矩,所以工程船舶一般采用多点系泊,多条锚泊线向四周发散分布。在对工程船舶的锚泊系统进行设计分析时,可以将其简化为长方形。常见的几种锚泊系统布置形式如图 1-4 所示[18]。对于航道整治施工作业的工程船一般采用五链或六链锚泊方式,其中的双侧对称的四个锚链主要用于施工中的移船和定位作用。

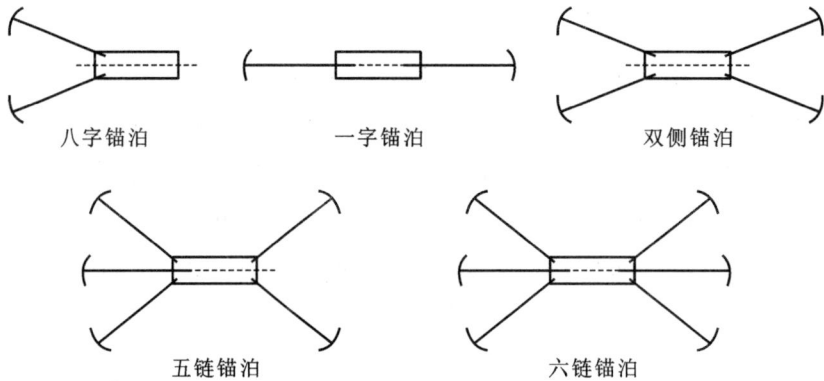

八字锚泊   一字锚泊   双侧锚泊

五链锚泊   六链锚泊

图 1-4　工程船舶锚泊线的几种布置形式

（3）锚机

锚机通过控制放出和收进锚索链以及锚,进行起锚、抛锚以及系泊作业。锚机装置一般由定位锚绞车、钢索空间导向轮系、驱动装置、制动装置以及控制装置等组成,图 1-5 所示为锚机装置典型布置图。定位锚绞车位于主甲板下的舱室内,钢缆由空间导向轮系引至主甲板,控制装置(如操纵台手柄)负责发出动作命令,驱动装置为绞车提供动力源,

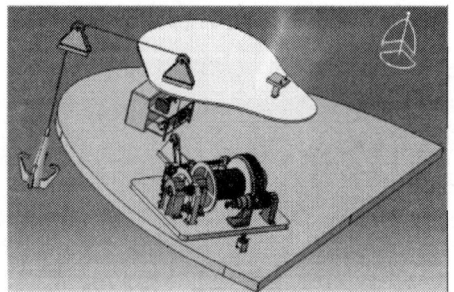

图 1-5　锚机装置典型布置图

锚绞车一般配有两套独立的制动装置(主、辅制动装置)提供可靠的制动能力。

定位锚绞车是锚机装置中的主要部件,根据绞车的结构和种类不同,也可以采用多种分类方法。按照滚筒的数量可以分为单滚筒绞车、双滚筒绞车、三滚筒绞车;按照结构可分为单轴绞车、双轴绞车、多轴绞车;按照驱动方式可以分为机

械式驱动绞车、电机驱动绞车、气动绞车、液压绞车等几大类,如图 1-6 所示。表 1-1 比较了各类绞车的驱动方式和应用特点。

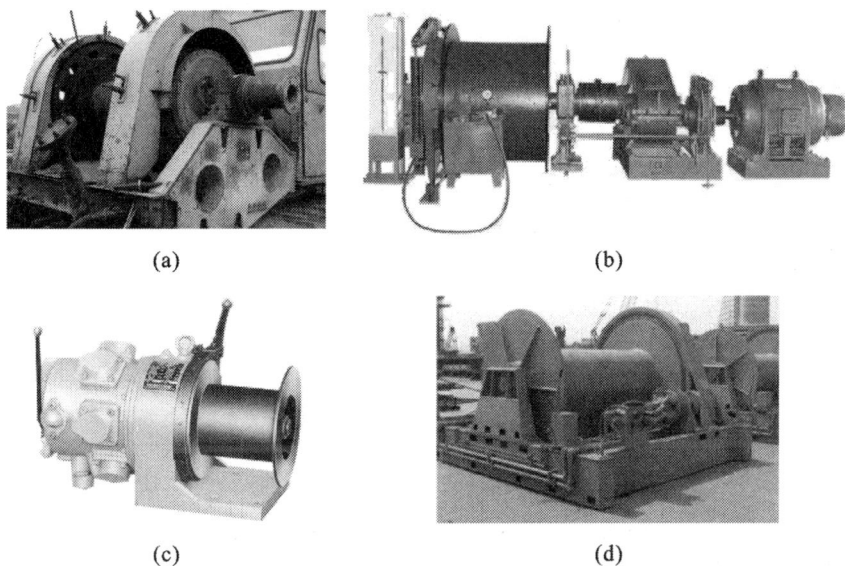

(a) (b)

(c) (d)

图 1-6 锚绞车类型图

(a)机械式驱动绞车;(b)电机驱动绞车;(c)气动绞车;(d)液压绞车

表 1-1 锚绞车驱动方式和应用特点比较表

名称	驱动方式	应 用 特 点
机械绞车	用柴油机等通过链传动或通过皮带、齿轮等传动形式驱动	①通过采用液压耦合器,可在堵转工况下产生最大扭矩; ②传动系体积大,总质量重; ③驱动部件间的几何位置关系固定,系统设计布局变化少、定位复杂; ④在有负载的情况下,难以取得平稳的反转; ⑤难以实现大范围的无级变速
电机绞车	用电动机作为原动力,通过各种传动机构驱动滚筒旋转	①采用可控硅整流(SCR)直流调速方式可实现无级变速,在低速段提供短时的额定扭矩(或堵转扭矩),但不能长时间用于堵转工况; ②采用交流变频调速方式实现从零到最大速度的无级变速,可在低速或堵转工况下提供 100% 额定扭矩,调速平稳; ③设备复杂,对维修、保养人员的技术水平要求较高

续表 1-1

名称	驱动方式	应 用 特 点
气动绞车	空气压缩机提供压缩空气作为原动力,通过气动马达等传动形式驱动	①需要配置压缩空气站; ②气动系统工作压力较低,气动马达外形尺寸较大,造成总体质量较重; ③对环境条件敏感,在周围环境温度低的地方,可能有潮气凝结在气动管路和部件里; ④噪声大,需要噪声消音器
液压绞车	油泵作为原动力,通过液压马达或液缸传递动力驱动	①体积小、质量轻,惯性力较小,当突然过载或停车时,不会发生大的冲击; ②双向实现从零到最大速度的无级变速控制; ③换向容易,在不改变旋转方向的情况下,可以较方便地实现工作机构旋转和直线往复运动的转换; ④液压泵和液压马达之间用油管连接,在空间布置上彼此不受严格限制; ⑤用高压溢流阀或压力补偿器双向限制有效力矩,系统允许长时间支持负载,双向可以限制不同力矩,容易实现过载保护; ⑥由于采用油液为工作介质,元件相对于运动表面间能自行润滑,磨损小、使用寿命长; ⑦输出速度范围大,负载的低速控制好,可以带载良好启动; ⑧操纵、控制简便,自动化程度高

目前,液压驱动锚绞车在船用市场应用较普遍,绝大部分锚泊移位型工程船舶均配置多台液压驱动锚绞车,由此构成多点锚泊定位系统。

1.2.2　工程船舶锚泊定位系统

对于许多工程船舶而言,并不是简单地在锚地抛锚,而必须在规定的工地、规定的海况下进行抛锚或作业。同时因其没有设置自航推进器,所以在施工区域内要满足移动船位就必须依靠本船各台锚机绞缆(或锚链),使船舶实现定位、移位作业。

在船舶工程和海洋工程中,主要采用两种定位系统:

(1)动力定位系统(Dynamic Positioning System,简称 DP 系统)

DP 系统就是如何在有风、浪、流干扰的情况下,利用自身的推力器系统使得船舶保持一定的位置和角度,或者按照预定的运动轨迹运动的定位系统。一般自航船舶中均配置有动力定位系统。

（2）锚泊定位系统（Mooring Positioning System,简称 MP 系统）

MP 系统是在船舶进行作业时,通过控制放出和收进钢丝绳以及锚等锚泊设备,在一定环境下控制船位,或在有限范围内改变船位,使之按照预定的运动轨迹运动的定位系统。由于锚泊系统具有投资少、可靠度高、使用维修方便等特点,已广泛应用于非自航船舶或海上浮体平台,如工程船舶、半潜式钻井平台、钻井船以及半潜式采油平台等。

锚泊定位系统通常包括三个子系统[16]:

① 传感器系统　用于测量船舶角度、位置及其环境信息;

② 锚泊系统　安装于船体各部分的绞车机构,产生拉力来拉动船舶运动;

③ 控制系统　根据由传感器系统所提供的信息来选择合适的方法控制锚泊系统。

船舶锚泊定位系统原理与组成如图 1-7 所示。

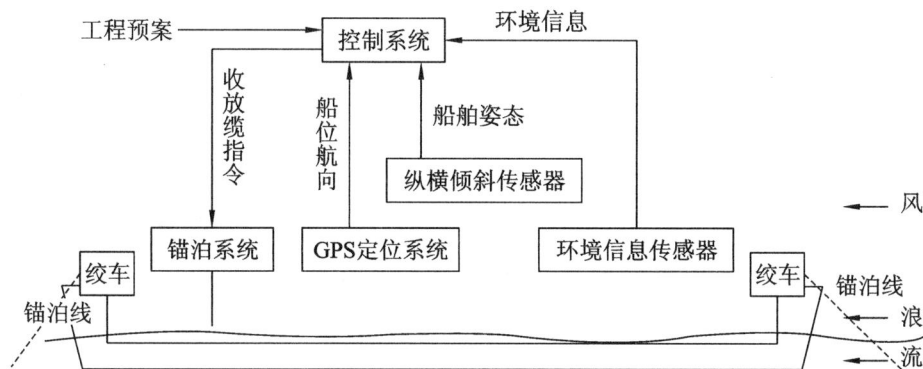

图 1-7　锚泊定位系统原理与组成框图

锚泊定位系统的基本原理是:根据船位及航向传感器系统测得的船位信息和干扰与环境传感器系统测得的干扰及环境信息,经滤波后得到估计值,根据估计值与期望值的比较,同时考虑环境及干扰因素,计算控制指令,产生各绞车收放缆指令。绞车执行机构通过收放缆动作所产生的锚缆拉力,使船舶克服外力向期望位置移动,使定位误差减小[17]。

目前对于锚泊系统的研究主要分为工程设计和理论研究两个方面:在工程设计方面,主要研究锚泊线的组成材料、锚泊系统的展开/回收以及布置形式等;在理论研究方面,则主要研究环境载荷、锚泊线的静(动)力分析、锚泊系统与系泊浮体之间的动力响应等[20]。相比动力定位系统而言,锚泊定位系统的研究成果相对较少,且大多侧重于理论分析与系统设计方面。

从工程应用角度,要保证工程船舶的平行移船和移船过程中的动态定位,满足定位精度要求,以及自动化作业的功能要求,有必要对锚泊定位控制系统进行研究。船舶运动数学模型是船舶运动仿真与控制问题的核心,下面将针对船舶建模与控制方面的研究现状进行综述。

1.3 船舶建模与控制的研究综述

1.3.1 船舶运动模型研究综述

船舶运动模型用来描述船舶在运动过程中对控制输入(如舵角等)的响应特性,是研究船舶运动仿真与控制问题的基础与核心。

船舶的运动在空间具有六个自由度,可分解为进退、横漂、升沉三种平移及转艏(偏航)、横摇(倾)、纵摇(倾)三种转动。在这种耦合运动中,船和周围流体相互依存产生了关联惯性力,又相互作用产生了黏性力。外界环境的干扰包括风力、浪力及流力,其机理很复杂。

由系统建模的一般方法可知,船舶运动数学模型的研究也可分为机理建模和系统辨识建模[21]。

(1) 机理建模

在理论上研究船舶的操纵运动,是以牛顿运动定律为基础,考虑惯性力(刚体惯性力和因流体加速运动造成的流体惯性力)、船体黏性力、桨力、舵力、锚力、风力、浪力、流力等诸力之间的动力学平衡,最终组合完成的船舶运动数学模型。

在船舶运动模型化研究中主要有两大流派,一派是欧美学派,它采用的是整体型模型结构;另一派是日本学派,它发展的是分离型模型结构,也简称 MMG (Manoeuvring Model Group)模型。

① 整体型结构模型

船舶整体型结构模型以 Abkowitz 为代表,它的模型化方法是把船、桨、舵看作一个不可分的整体,因此船舶所受的总流体动力 F(力矩 M)与船舶的尺度、船舶与周围介质相对运动的速度 V(角速度 $\boldsymbol{\Omega}$)、加速度 $\dot{V}$(角加速度 $\dot{\boldsymbol{\Omega}}$)、流体的物理性质、驱动控制面的位置(如舵角 δ)或转速 n 等多种因素有关。其表达式如下:

$$\left. \begin{array}{l} \boldsymbol{F} = \boldsymbol{F}(\boldsymbol{V}, \dot{\boldsymbol{V}}, \boldsymbol{\Omega}, \dot{\boldsymbol{\Omega}}, \delta, n) \\ \boldsymbol{M} = \boldsymbol{M}(\boldsymbol{V}, \dot{\boldsymbol{V}}, \boldsymbol{\Omega}, \dot{\boldsymbol{\Omega}}, \delta, n) \end{array} \right\} \qquad (1\text{-}1)$$

由于船舶运动的复杂性,用理论方法研究函数几乎是不可能的,唯一可行的是进行约束船模实验。为此,把 **F**、**M** 的各分量表示为相关变量的多元函数,并将其展开为 Taylor 级数,应用约束船舶实验的方法来确定各多项式中的流体动力导数。

整体化的流体动力学建模方法从数学分析角度看是比较完整严密的。该方法广泛应用在那些需要高精度的船舶模型研究中,或是已具有精良实验手段的研究机构中。但该方法也有明显的缺陷,有一些流体动力导数的物理意义不明显,尤其是高阶导数,这样就会导致一艘船的实验结果难以应用于另一艘船,而且实验条件要求较高、耗费巨大。

② 分离型结构模型

该模型由日本拖曳水池委员会(JTTC)提出,研究者以小川、小濑、井上、平野等人为代表。MMG 模型结构针对船舶整体型结构模型的缺陷,提出以下建立原则:

(a) 应以船-桨-舵的单独性能为基础;

(b) 应能简洁地表示船-桨-舵的干涉效应;

(c) 能合理表达作用于船舶上的各种流体动力。

MMG 模型建立在深层次的理论分析与广泛实验研究相结合的基础之上,虽然尚待完善,但仍是目前国际上较流行的一种船舶运动数学模型。MMG 模型的主要特点是将作用于船舶上的流体动力和力矩按照物理意义进行分解。

(2) 系统辨识建模

在船舶运动模型化领域中,机理建模方法占主导地位。迄今为止,已经建立了多种适用于不同研究目的的白箱船舶运动数学模型,每一种模型都具有确定的结构形式,模型中所涉及的大量参数主要通过船模实验获得。

过程辨识是 20 世纪 70 年代初发展起来的建模方法,其基本原理是测取被研究过程的输入输出数据,并加以必要的处理和计算,就此估计出被研究过程的数学模型,本质上它属于测试建模法的范畴。常用的辨识算法有 Kalman 滤波法、极大似然法、预报误差法等。随着人工智能和控制理论研究的不断深入,一些现代辨识方法如模糊逻辑辨识法[22]、基于小波变换系统辨识法[23]、基于粒子群算法的系统辨识法[24]等也都在船舶运动模型辨识方面得到应用[25-27]。

1.3.2 船舶运动控制研究综述

船舶运动控制研究已经有很长的历史,自发明磁罗经后,国内外学者就开始研究船舶自动控制及其系统的稳定性。而船舶的航向控制是其中最基本的研究内容,也是控制理论应用较早且取得较好成果的一个领域。

从运动控制角度看,桨、舵、锚是船舶赖以工作和生存的三大主动操纵设备,它们提供船舶前进推动力、转船的回转力矩和锚泊所需的锚力,其中舵是目前应用最广泛的控制船舶航向的装置。对船舶自动舵的研究经历了四个发展阶段,即机械式自动舵、PID舵、自适应舵和智能舵[28,29]。

(1) 第一代自动舵——机械式自动舵

第一代自动舵最先是由德国的 Ansuchz 和美国的 Sperry 在陀螺罗经研究工作取得实质进展后,于 1920 年和 1923 年分别独立地提出的。它属于机械式的自动舵,采用经典控制理论中比例放大控制规律进行控制,只能用于低精度的航向保持控制。

(2) 第二代自动舵——PID 舵

随着经典控制理论的快速发展,第二代自动舵(PID舵)在 20 世纪 50 年代产生。1950 年日本研制出"北辰"自动舵,1952 年美国研制出新型的 Sperry 自动舵,均采用了当时较典型的比例-微分-积分(PID)控制规律。第二代舵比第一代舵在控制精度上有较大的进步,它不需要详细的有关受控过程的先验知识,且具有结构简单、参数易调等优点。因此,第二代自动舵研制成功后得到了广泛的应用。

当然,PID航向自动舵在应用过程中也暴露出 PID 控制规律自身固有的问题。比如 PID 控制参数一旦确定,便无法根据外界环境或船舶动态特性的变化实现其参数的自动整定,需连续地进行人工整定。人工整定控制参数不但很麻烦,而且难以精确整定。

(3) 第三代自动舵——自适应舵

随着自适应理论和计算机技术的发展,自适应理论被引入船舶操纵研究工作中。20 世纪 60 年代末,瑞典等北欧学者将自适应舵从实验室搬到实船上,研制成功了第三代自动舵。

自适应舵的控制方法主要有模型参考法、线性二次高斯法、随机自适应法、自适应 PID 法、最小方差自校正法、基于条件代价函数的自校正法、H∞ 控制法、变结构法、预测控制等。日本横河北辰公司生产的 PT-21 型自适应自动舵[30]是一种模型参考自适应控制系统。该舵在设定的工作环境下的工作性能很好,但当环境发生较大变化时,系统控制效果变差,究其原因主要是该系统设计是按船舶线性叠加的原理进行的。杨盐生[31]提出了自适应鲁棒 PID 自动舵设计的控制算法,以船速的变化引起 PID 型自动舵参数的变化,由此建立了船舶航向误差控制系统的状态方程。针对船舶 Nomoto 方程,他利用二次型性能指标准则建立了系统的滑动模态超平面,提出了一种船舶航向变结构控制自动舵算法。仿真结果反映该算法对船速变化和外界扰动具有一定的鲁棒性和控制精度[32]。胡耀华[33,34]提出了基于广义预测的船舶航向保持预测控制算法来克服风浪干扰,仿真获得快速跟踪性和较好的系统稳定性。

自适应舵在减少能源消耗、提高控制精度方面取得了很大的进步,但由于自适应控制系统比常规的控制系统要复杂得多,其收敛性、鲁棒性等并没有得到完整的证明,因此在船舶遇到较复杂工作条件时并不能提供完全自动的最优操作,有时甚至会影响系统的稳定性。

(4) 第四代自动舵——智能舵

20 世纪 80 年代以来,人们就开始寻找能模拟人工操舵的方法,即第四代的智能舵。随着智能控制技术的快速发展,已经有很多船舶智能控制方面的模型。典型的船舶操纵智能控制模型有模糊控制和神经网络控制,以及这两种控制与其他人工智能方法的结合。

Amerongen 等人[35]于 20 世纪 80 年代末提出用一个基本的模糊控制器构成船舶航向模糊控制系统。但由于船舶操纵运动受航行工况的变化影响易引起模型参数摄动,而且环境干扰复杂、多变,因此应用效果并不理想。20 世纪 90 年代,Sutton 等人[36]将 Procyk 和 Mamdani 提出的语言型自组织控制器(Self-Organizing Controller,SOC)[37]应用于船舶自动舵的设计中。但由于 SOC 系统的控制作用只取决于误差信号,而且计算复杂,因此对一般非线性系统很难获得满意的结果。随后,船舶航向的模型参考模糊自适应控制系统、模糊航迹舵控制器等也相继问世[38,39]。

刘清[28]利用两级模糊控制器构成船舶航向模糊控制系统,使船舶转向时动态响应快,超调量小,航向保持阶段稳定性更优。姚刚等人[40]研究 PD 控制器和模糊控制器有机结合的船舶航向复合控制方法,解决了在高频干扰下兼顾大角度转向控制和小角度航向保持的性能要求。莫友声等人[41]提出了一种模糊自适应控制算法,仿真结果表明,船舶转向时的动态性能更加快速、平稳,而且有良好的抗干扰性能,有显著的节能效果。胡江强等人[42]提出了一种智能积分型模糊 PID 自动舵,在船舶航向控制中的不同阶段采用不同的积分控制策略,通过特征辨识，仅保留有用信息，从而快速地消除了稳态误差。

神经网络控制器在船舶操纵控制方面的应用文献基本上是从 20 世纪 80 年代末期才出现，目前还处于软件仿真模拟阶段。Endo[43]研究了用神经网络实现船舶操纵运动控制的可能性。仿真实验结果反映，神经网络控制器对船舶具有与教师指导相同的控制效果，但没有自学习功能，因此无法实现在线控制。一些改进神经网络控制模型相继提出，英国的 Burns[44]采用更复杂的最优控制器代替 PD 控制器对多层感知器神经网络控制器进行离线学习，取得了较好的效果；Hearn[45]和张尧[46,47]提出了基于 BP 网络在线训练的船舶神经网络控制系统，仿真实验结果表明，该控制器优于 PID 控制器的控制效果；程启明等人[48,49]把神经网络和遗传算法、PID 控制等结合起来运用在船舶操纵控制中，也取得了较好的效果。

1.3.3 锚泊船建模与控制研究综述

针对锚泊移位型工程船舶的系统建模和控制系统设计，部分学者从不同的角度取得了一些成果。

鲛岛[50]等人于 1960 年在风洞水槽里进行了单锚泊的船模实验，弄清了强风作用下船舶偏荡运动情况、船体偏荡和锚链所受冲击力的关系等。米田[51]等人使用同样的船舶模型进行了制荡锚以及双锚泊实验，结果表明在风速不太大的情况下制荡锚具有一定的抑制偏荡的效果。

Per. I. Johansson[52]于 1976 年在其博士论文中利用有限元模型对锚链的动力响应进行了数值分析，由此引发了有限元在船舶模型中的应用，许多学者[53-56]应用有限元方法对锚泊模型进行了分析和研究。

魏云雨[57,58]运用流体力学和船舶运动学理论，在锚泊船平面运动方程的基础上，建立了 5 个自由度的锚泊运动数学模型，该锚泊运动数学模型包括纵荡、横荡、垂荡、首摇、纵摇运动，并且考虑了各运动之间的耦合关系，突破了以往锚泊运动数学模型的局限性。但该运动模型仅分析了单点系泊船舶的运动状态，并不能应用于工程船舶的多点锚泊移位运动控制研究中。

锚泊定位系统设计中锚链设计是其核心内容，要确定锚链的锚泊长度及其布置形式，就必须进行锚链的受力分析。Chai 等人[59]研究了基于悬链线公式半解析准静定方法，能解决三维部分着底和完全悬垂的多条锚泊线问题。他们所提出的方法能处理任意倾斜的海床交互影响，结果具有一般性，能对不同形式的多点锚泊系统参数以及不同形式的柔性立管系统进行快速的参数分析。黄剑等人[60]针对目前半潜式平台常用的全索链和复合索链两种定位系统进行了静力计算和比较,推导了复合索链的静力计算公式,利用该公式可以计算带有任意多重块的复合链的状态参数。

王丹[18]针对工程中用沉石代替锚的情况,推导了在有起锚角的情况下的悬链线方程。并充分利用该悬链线方程,对锚泊设备进行选型,分析水深、水平外力、悬链张力等参数之间的变化关系,以及计算工程船舶在移位过程中的收绳量等。孙宁松[61]根据环境条件,对海上移动式平台的锚泊系统静力无弹性悬垂线方程进行了分析,对于锚泊定位系统的合理化设计提供了工程应用方案。马延德等人[62]应用计算锚链的悬链线方程和计算船舶运动的格林函数的耦合数值方法,对一锚泊的浮式生产储油船进行了定位性能计算,给出了自由状态与锚泊状态系统的运动响应特性的对比、不同状态与工况的锚泊浮体的运动性能参数以及锚链承受的张力等计算结果。研究成果可以为浮式生产储油船锚泊系统设计、校核计算和锚泊系统形式与参数优化提供初步计算结果以及用于设计方案的比较。

如前所述,目前对于锚泊定位系统的研究[20,63-69]主要集中于锚泊系统的模型研究和通过受力分析进行锚泊定位系统设计,而对于锚泊定位系统在移船控制策略方面的研究成果相对较少。

冯刚等人[70]根据工程应用实际提出了一种最优移位控制策略,并进行了八锚系泊工程船舶的拟静力分析,从结构力学的角度为工程船锚泊移位控制提出了一种新的思路。但该文献的计算针对的只是工程船舶的一个工位,要求得到工程船舶施工全过程的最大锚绳张力,还要对施工阶段中不同布锚情况以及一系列变化的工位进行计算,把施工全过程的最大锚绳张力作为设计参数。张媛等人[72,73]在实际工程项目的基础之上,基于简化的工程船舶模型,利用遗传算法、专家系统技术在模糊控制隶属度、控制规则等方面进行了优化仿真设计研究。牛萍等人[74]探讨了模糊神经网络技术在滩海铺管船移船定位控制系统中的应用。

相比较而言,目前国内外对于动力定位系统的研究较成熟,而对于非自航船舶的锚泊定位系统,无论是从船舶模型方面,还是从船舶运动智能控制器设计选题方面,其研究成果仍较少。

1.4 本书的主要内容和结构安排

1.4.1 主要内容

工程船舶一般都是在移动中进行施工作业,而不是锚泊固定在一个位置施工,所以,如果要满足施工精度的要求,锚泊移位型工程船舶研究中的关键问题就是保证工程船舶的平行移船和完成移船过程中的动态定位。

要实现工程船舶的平行移船和动态定位,关键是控制系统的设计。控制系统的功能就是根据当前船位与指定航迹、航向的偏差,综合考虑环境信息,决策各绞车的动作指令。控制系统输出的各绞车动作指令,将决定各绞车的收、放缆动作和收放缆速度。经绞车机构执行后各绞缆产生的拉力大小、方向不同,根据锚泊系统布置形式由各绞缆的拉力生成合力使船舶移动。要保证船舶沿指定航迹与方向移动,减小定位误差,就必须保证锚泊系统各绞车协调动作。因此,控制策略设计是控制系统的关键。

船舶运动数学模型是船舶运动仿真与控制问题的核心。要进行控制系统的研究,首先需建立工程船舶运动的数学模型。如前所述,自航船舶与非自航的工程船舶定位方式不同,船舶操纵运动特性也不相同,因此自航船舶所建立的成熟的运动模型不能应用于该类工程船舶的研究工作中。而工程船舶的运动特性又与锚泊定位系统直接相关,对于锚泊移位型工程船舶,由于其锚泊系统的复杂性,目前还没有较成熟的运动模型用于研究其运动控制。

本书针对锚泊移位型工程船舶系统建模和控制系统设计,从理论和应用两方面进行了研究工作,主要包括:

① 锚泊移位型工程船舶的运动模型建立;
② 锚泊移位型工程船舶控制系统设计;
③ 锚泊移位型工程船舶运动模型与控制器的优化设计;
④ 锚泊移位型工程船舶控制系统工程应用。

1.4.2　结构安排

本书共7章,具体安排如下:

第1章对锚泊移位工程船舶的系统组成、工作原理、关键问题进行了介绍,分析了国内外相关内容的研究现状,最后对本书研究的内容和结构作了简要概述。

第2章在已有文献研究的基础上,以四锚锚泊船为例分析工程船舶锚泊系统平面运动方程。借鉴常规船舶模型分析方法,分析该类型船舶的运动机理和特点,推导了锚泊船二维和三维线性运动模型。同时,基于神经网络辨识方法,提出了一种面向锚泊移位型工程船舶的系统辨识模型,依托工程实践采集的实验数据对神经网络模型参数进行学习训练,得到锚泊船纵向位移模型,为自动控制系统的设计和仿真提供了模型基础。

第 3 章对粒子群优化算法进行了分析和改进。对 QPSO 算法的参数选择从问题依赖性、种群规模等多方面进行了大量的实验分析。根据实验结果得到该参数选取的指导性准则。提出了一种改进的 QPSO 算法,使算法的收敛速度得到显著提高,并将改进的 QPSO 算法用于工程船舶位移模型神经网络参数优化训练,得到优化的锚泊船纵向位移模型。

第 4 章基于模糊逻辑设计了工程船舶航迹保持控制系统,利用 PSO 优化算法,对模糊控制器的模糊规则和隶属函数分别进行了优化设计。系统仿真实验结果表明,PSO 算法应用于模糊控制器的参数设计是可行和有效的,控制系统的动、静态特性指标均能满足工程实践的要求。

第 5 章在分析了基于 ANFIS 结构的自适应神经模糊推理系统的基础上,设计了基于 ANFIS 的自适应航迹保持控制器,使控制器参数可随环境因素变化以适应不同的施工任务。采用 QPSO 改进算法对网络参数进行了优化设计。基于航迹保持、航向保持的双重控制目标,设计了一个多变量自适应控制网络。该网络实时根据航迹、航向偏差综合决策 4 台移船绞车各自的收放缆速度,由此构成铺排船移船施工自动控制系统。本章最后基于仿真实验结果分析了多变量自适应控制网络的控制效果。

第 6 章从锚泊移位型工程船舶作业综合监控的通用性需求出发,探讨工程船舶作业综合自动监控系统的总体框架,提出了工程船舶作业综合自动监控系统的研制方案,并对软(硬)件设计中的关键技术进行了详细分析。

第 7 章在对比了国内外软体铺排船应用情况的基础上,针对我国国情及长江中下游航道治理工程的实际需要,将基于模糊逻辑和QPSO改进优化算法的航迹保持控制系统应用于软体铺排船控制系统中,设计了铺排船综合作业自动监控系统设计方案。结合 22m 排宽和 40m 排宽的铺排船工程应用实例,详细地分析了该自动监控系统的硬件构成、软件功能框架、重要模块开发的关键技术以及优化改进设计。

2 工程船舶系统建模

2.1 引　　言

　　船舶运动数学模型是船舶运动仿真与控制问题的核心。它的研究起始于 20 世纪 30 年代,但它的真正兴起是在 60 年代。超大型邮轮开始出现,为了揭示其异常操纵特性及适应开发高性能的船舶操纵模拟器的需要,船舶运动数学模型的研究获得了飞速的发展。20 世纪 70 年代末 80 年代初,由于研制先进的船舶航向、航迹控制器的需要,现代控制理论及系统辨识技术开始在船舶模型研究中的应用,也加速了其发展。

　　建立过程的数学模型有两种基本方法,即机理建模法和辨识建模法。由机理方法所建立的模型称为"白箱模型",用辨识方法所建立的模型称为"黑箱模型"。介于白箱建模和黑箱建模方法之间存在着一种"灰箱模型"化方法,后者是把机理建模和辨识建模两种方法有机地结合起来。在船舶运动模型化领域中,机理建模方法占主导地位,迄今为止,已经建立了多种用于不同研究目的的白箱船舶运动模型,每一种模型都具有确定的结构形式,而模型中所涉及的大量参数主要通过船模实验获得。

　　目前,在自航船舶操纵控制研究中,根据研究目标的不同,普遍采用的有两维船舶运动模型、三维非线性船舶运动模型、四维非线性船舶运动模型、六维船舶运动模型、Nomoto 模型、非线性 Bench and Smitt 模型等。为了分析船舶航行过程中风、水、流等环境因素的影响,也建立了一些风、浪影响模型供仿真研究应用。

　　对于锚泊移位型工程船舶,由于其锚泊系统的复杂性,目前还没有较成熟的运动模型用于研究其运动控制。本章的主要工作是研究锚泊移位型工程船舶建模的一般方法。借鉴常规船舶模型分析方法,分析四锚锚泊船的运动机理和特点,推导了锚泊船二维和三维线性运动模型。同时,基于神经网络辨识方法,提出了一种面向锚泊移位型工程船舶的系统辨识模型,依托工程实践采集的实验数据对神经网络模型参数进行学习训练,由此得到锚泊船纵向位移模型,为航迹保持控制系统的设计和仿真提供了模型基础。

2.2 工程船舶锚泊移位系统模型描述

2.2.1 船舶运动的数学模型

船舶在波浪中的运动,一般是六个自由度,即三个线位移(进退、横漂和升沉)及三个角位移(偏航、横倾和纵倾),各个自由度之间是相互关联、彼此影响的耦合作用。对于工程船舶而言,由于各运动间耦合较小,主要考虑船舶水面上的操纵运动,忽略船舶横摇(横倾)、纵摇(纵倾)及垂荡(升沉)对操纵运动的影响。以四锚锚泊船为例,分析其平面运动方程[64]。

为了定量地描述锚泊船平面运动,选用两个坐标系:一个是相对于地球的固定坐标系(x,y,z),另一个是相对于船舶的随动坐标系(X,Y,Z),如图 2-1 所示。(x,y,z)是静坐标系,固定在地球表面,也称为惯性坐标系,取作基准参考系统;(X,Y,Z)是动坐标系,固定在船体上,随船一起运动。图中其他符号定义如下:

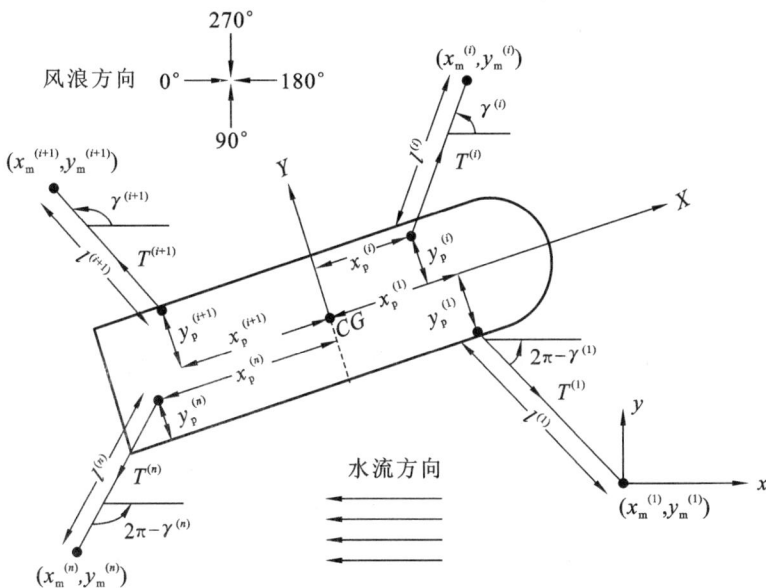

图 2-1 锚泊系统示意图

$(x_p^{(i)}, y_p^{(i)})$:第 i 根锚链对应的导缆孔在动坐标系中的坐标;

$(x_m^{(i)}, y_m^{(i)})$:第 i 个抛锚点在静坐标系中的坐标;

$\gamma^{(i)}$:第 i 根锚链与静坐标系 x 轴的夹角,逆时针方向计量;

$\omega^{(i)}$：第 i 根锚链与动坐标系 X 轴的夹角，逆时针方向计量；

$T^{(i)}$：第 i 根锚链所受的拉力；

$l^{(i)}$：第 i 根锚链的长度；

φ：偏航角。

为定量讨论方便，静坐标系 (x,y,z) 原点定于抛锚点 1 处，x 轴在静水面内，指向正东；y 轴也在静水面内，指向正北。动坐标系 (X,Y,Z) 原点 O 取船舶重心 CG，X 轴取为船纵轴，以指向船首为正；Y 轴与纵剖面垂直，以指向左舷为正；Z 轴垂直于水线面，以指向龙骨为正。两个坐标系有如下关系：

$$\left.\begin{aligned}\dot{x}&=u\cos\varphi-v\sin\varphi\\\dot{y}&=u\sin\varphi+v\cos\varphi\\\dot{\varphi}&=r\end{aligned}\right\}\tag{2-1}$$

式中，u、v、r 分别表示船舶相对于静水中的纵向、横向速度及绕 Z 轴旋转的角速度。

在推导船舶运动方程时，假设船体是一个刚体。船舶在运动过程中所受外力主要包括水动力、系泊缆绳拉力和外界环境的干扰力。根据牛顿第二运动定律，导出锚泊船二维运动的数学模型为：

$$\left.\begin{aligned}m\dot{u}-mvr&=X_H+\sum_{i=1}^{n}T_X^{(i)}+F_X=X\\m\dot{v}+mur&=Y_H+\sum_{i=1}^{n}T_Y^{(i)}+F_Y=Y\\I_Z\dot{r}&=N_H+\sum_{i=1}^{n}(x_p^{(i)}T_Y^{(i)}-y_p^{(i)}T_X^{(i)})+N_Z=N\end{aligned}\right\}\tag{2-2}$$

式中，m 为船舶质量；I_Z 为船舶对 Z 轴的惯性矩；X、Y、N 分别为船舶受到的力在 X、Y 轴上的分量及力矩；X_H、Y_H、N_H 分别为水动力在 X、Y 轴上的分量及力矩；F_X、F_Y、N_Z 分别为风、浪、流等外界环境作用在 X、Y 轴上的分量及力矩；$T_X^{(i)}$、$T_Y^{(i)}$ 分别为第 i 根锚链的拉力在 X、Y 轴上的分量；n 为抛锚缆绳根数。

式 (2-2) 代表了 3 种力的平衡关系：左端是船体本身的惯性力和力矩，右端是流体、系缆及环境载荷对船体运动的反作用力，显然式 (2-2) 表示的船舶运动方程是非线性的。由于船舶的随动坐标系 (X,Y,Z) 是非惯性坐标系，即船舶是运动和旋转的，式 (2-2) 左端显示出现两个附加项 $-mvr$ 和 mur，代表船舶宏观旋转中向心惯性力分量，式 (2-2) 右端的 X、Y、N 则是运动变量和控制变量的多元非线性函数，结构异常复杂。

为应用方程式(2-2)求解船舶平面运动的基本变量 u、v、r，必须具体讨论 X、Y、N 的结构形式。研究中把船体、系缆、锚等视为一个整体，此时 X、Y、N 将是移动速度(u、v)、角速度(r)、它们的时间导数($\dot{u}$、$\dot{v}$、$\dot{r}$)、系缆绳长(l)的非线性函数，即：

$$\left.\begin{aligned} X &= X(u,v,r,\dot{u},\dot{v},\dot{r},l_i) \\ Y &= Y(u,v,r,\dot{u},\dot{v},\dot{r},l_i) \\ N &= N(u,v,r,\dot{u},\dot{v},\dot{r},l_i) \end{aligned}\right\} \qquad (2\text{-}3)$$

完全从理论上确定式(2-3)的函数关系极为困难，一般的研究方法是半理论半经验的方法或多元数据回归方法。

2.2.2　水动力

一般来说，作用于船体的水动力、力矩将与船体本身几何形状有关(如船长 L、质量 m、转动惯量 I_z、船型参数等)，与船体运动特性有关(如 u、v、r、$\dot{u}$、$\dot{v}$、$\dot{r}$ 等)，也与流体本身特性有关(如流体密度 ρ、运动黏性系数 μ、重力加速度 g、表面张力系数 τ、大气压力 p、饱和蒸汽压 p_v、流体弹性系数 E 等)。如果研究在限制航道中的操纵性问题，则还应包括岸、水底干扰力。对波浪上的操纵性问题，还涉及波浪扰动力等。

对于水动力的计算，一般可以将其计算方法分为两种：一种是把水动力视为进流角的函数，通过计算或实验获得水动力系统与进流角之间的函数关系式；另一种是将水动力展开成船体运动速度和角速度的多项式函数，然后通过实验方法得到函数的各项系数，也称之为水动力导数。

Abkowitz 在 1967 年提出了一种操纵性非线性方程，其主要思路是：考虑船舶等速直线运动这一平衡状态($u=u_0=V$, $v=r=0$, $\dot{u}=\dot{v}=\dot{r}=0$)，从该点出发，研究偏离平衡状态不远的运动，$u=u_0+\Delta u$, $v=\Delta v$, $r=\Delta r$, $\dot{u}=\Delta\dot{u}$, $\dot{v}=\Delta\dot{v}$, $r=\Delta\dot{r}$, ...，将 X、Y、N 在平衡点附近展开成 Taylor 级数。在展开式中将仅出现 $\dot{u}$、$\dot{v}$ 和 $\dot{r}$ 的一次项，因为流体对船舶的惯性分作用力只取决于平移加速度($\dot{u}$、$\dot{v}$)以及转动角速度($\dot{r}$)本身，而与它们的各阶导数无关；至于和 Δu、Δv、Δr 有关的黏性力各项，则取至三阶为止，更高阶的项全部略去。将展开式代入式(2-2)并进行移项整理，即是 Abkowitz 非线性船舶运动方程。

Abkowitz 模型完全按数学方式处理流体动力，以致其 Taylor 级数展开式的有些项缺乏物理意义。Norrbin 在更深的层次上依赖于流体动力学的基本原理，构成了一种半理论半经验的非线性船舶运动数学模型。

沿用 Abkowitz 的研究方案,并考虑到工程船舶移船施工过程中一般沿横剖面方向平行移船,因此以船舶匀速沿横剖面方向的定常直线运动状态为初始状态,即:

$$\left.\begin{array}{l} v_0 = \text{const} \\ u_0 = r_0 = \dot{u}_0 = \dot{v}_0 = \dot{r}_0 = 0 \end{array}\right\} \tag{2-4}$$

把流体动力 X_H、Y_H、N_H 展开成 Taylor 级数时只保留一阶小量,此时水动力线性表达式为:

$$\left.\begin{array}{l} X_H = X_H(v_0) + X_u \Delta u + X_v \Delta v + X_r \Delta r + X_{\dot{u}} \Delta \dot{u} + X_{\dot{v}} \Delta \dot{v} + X_{\dot{r}} \Delta \dot{r} \\ Y_H = Y_H(v_0) + Y_u \Delta u + Y_v \Delta v + Y_r \Delta r + Y_{\dot{u}} \Delta \dot{u} + Y_{\dot{v}} \Delta \dot{v} + Y_{\dot{r}} \Delta \dot{r} \\ N_H = N_H(v_0) + N_u \Delta u + N_v \Delta v + N_r \Delta r + N_{\dot{u}} \Delta \dot{u} + N_{\dot{v}} \Delta \dot{v} + N_{\dot{r}} \Delta \dot{r} \end{array}\right\} \tag{2-5}$$

其中,$X_u = \dfrac{\partial X}{\partial u}$,$Y_r = \dfrac{\partial Y}{\partial r}$,…,统称为水动力导数。

对式(2-5)考虑到 Taylor 级数的展开点对应于匀速直线运动,此时船舶运动前后对称,无侧向力,故 $X_H(v_0) = Y_H(v_0) = N_H(v_0) = 0$。再考虑到船体几何形状对称,$Y$ 方向的速度、加速度的变化不会引起纵向力和偏航力矩,即 $X_v = X_{\dot{v}} = N_v = N_{\dot{v}} = 0$。运动参数 u、$\dot{u}$、r、$\dot{r}$ 的变化对 Y 方向水动力的影响应具有对称性,即 Y_H 可表示为 u、$\dot{u}$、r、$\dot{r}$ 的偶函数,以使原点处的一阶偏导数为零,即 $Y_u = Y_{\dot{u}} = Y_r = Y_{\dot{r}} = 0$。且

$$\begin{array}{ll} \Delta u = u & \Delta \dot{u} = \dot{u} \\ \Delta v = v - v_0 & \Delta \dot{v} = \dot{v} \\ \Delta r = r & \Delta \dot{r} = \dot{r} \end{array}$$

因此,式(2-5)可简化表示为如下水动力、力矩的线性表达式:

$$\left.\begin{array}{l} X_H = X_u u + X_r r + X_{\dot{u}} \dot{u} + X_{\dot{r}} \dot{r} \\ Y_H = Y_v \Delta v + Y_{\dot{v}} \dot{v} \\ N_H = N_u u + N_r r + N_{\dot{u}} \dot{u} + N_{\dot{r}} \dot{r} \end{array}\right\} \tag{2-6}$$

式(2-6)中包含了很多水动力导数,由于船舶几何形状的复杂性,应用理论流体动力学方法计算这些流体动力导数是不可能的,因此它们的确定一般依赖于船模实验。为了数据处理的科学性以及使用的方便性,根据相似原理和量纲分析方法,先选择一些基本的度量单位,以此得到无量纲水动力导数。

选取基本度量单位:长度 L_0,L——船长;速度 V_0,V——船舶的特征速度;时间 t_0——L/V;密度 ρ——流体的密度;质量 m_0——$(1/2)\rho L^3$;力 F_0——$(1/2)\rho V^2 L^2$;

力矩 M_0——$(1/2)\rho V^2 L^3$。

由此可得无量纲运动参数：

$$u' = \frac{u}{V} \qquad v' = \frac{v}{V} \qquad r' = \frac{r}{V}$$

$$\dot{u}' = \frac{\dot{u}L}{V^2} \qquad \dot{v}' = \frac{\dot{v}L}{V^2} \qquad \dot{r}' = \frac{\dot{r}L}{V^2}$$

无量纲水动力导数：

$$X'_u = \frac{X_u}{\frac{1}{2}\rho VL^2} \quad Y'_v = \frac{Y_v}{\frac{1}{2}\rho VL^2} \quad Y'_r = \frac{Y_r}{\frac{1}{2}\rho VL^3} \quad N'_v = \frac{N_v}{\frac{1}{2}\rho VL^3} \quad N'_r = \frac{N_r}{\frac{1}{2}\rho L^4}$$

$$X'_{\dot{u}} = \frac{X_{\dot{u}}}{\frac{1}{2}\rho L^3} \quad Y'_{\dot{v}} = \frac{Y_{\dot{v}}}{\frac{1}{2}\rho L^3} \quad Y'_{\dot{r}} = \frac{Y_{\dot{r}}}{\frac{1}{2}\rho L^4} \quad N'_{\dot{v}} = \frac{N_{\dot{v}}}{\frac{1}{2}\rho L^4} \quad N'_{\dot{r}} = \frac{N_{\dot{r}}}{\frac{1}{2}\rho L^5}$$

将以上无量纲参数代入式（2-6），可得：

$$\left.\begin{aligned} X_H &= (X'_u u' + X'_r r' + X'_{\dot{u}}\dot{u}' + X'_{\dot{r}}\dot{r}') \times \frac{1}{2}\rho V^2 L^2 \\ Y_H &= (Y'_v \Delta v' + Y'_{\dot{v}}\dot{v}') \times \frac{1}{2}\rho V^2 L^2 \\ N_H &= (N'_u u' + N'_r r' + N'_{\dot{u}}\dot{u}' + N'_{\dot{r}}\dot{r}') \times \frac{1}{2}\rho V^2 L^3 \end{aligned}\right\} \tag{2-7}$$

在船舶操纵性研究领域，有很多文献通过对大量船模实验数据进行整理归纳，给出了线性流体动力导数的回归计算公式或经验值。目前也有很多诸如最小二乘法、卡尔曼滤波、神经网络等系统辨识方法用于船舶操纵性水动力导数的估算[21,75]。

2.2.3 环境载荷

外界环境对船舶的影响主要来自水流、风和波浪干扰力，有

$$\left.\begin{aligned} F_x &= F_{x\text{current}} + F_{x\text{wind}} + F_{x\text{wave}} \\ F_y &= F_{y\text{current}} + F_{y\text{wind}} + F_{y\text{wave}} \\ M_z &= M_{z\text{current}} + M_{z\text{wind}} + M_{z\text{wave}} \end{aligned}\right\} \tag{2-8}$$

风力和流力通常利用经验公式进行估算：

$$\left.\begin{aligned} F_{x\text{current}} &= \frac{1}{2}\rho_0 C_{X\text{cu}} V_{\text{cur}}^2 L_{\text{bp}} d, & F_{x\text{wind}} &= \frac{1}{2}\rho_a C_{X\text{wd}} A_T V_{\text{ar}}^2 \\ F_{y\text{current}} &= \frac{1}{2}\rho_0 C_{Y\text{cu}} V_{\text{cur}}^2 L_{\text{bp}} d, & F_{y\text{wind}} &= \frac{1}{2}\rho_a C_{Y\text{wd}} A_L V_{\text{ar}}^2 \\ M_{z\text{current}} &= \frac{1}{2}\rho_0 C_{Z\text{cu}} V_{\text{cur}}^2 L_{\text{bp}}^2 d, & M_{z\text{wind}} &= \frac{1}{2}\rho_a C_{Z\text{wd}} A_L L_{\text{bp}} V_{\text{ar}}^2 \end{aligned}\right\} \tag{2-9}$$

式中，ρ_0 和 ρ_a 分别表示水密度和空气密度；A_T 与 A_L 分别表示水线面以上船体的正投影及侧投影面积；L_{bp} 和 d 分别为船的两柱间长和吃水；V_{cur} 和 V_{ar} 分别表示相对流速和风速；C_X、C_Y、C_Z 为无因次系数，由经验公式[76,77]给出，下标 cu 和 wd 分别对应流力和风力。

由水动力学的研究可知[78]，波浪作用于浮式结构物的水平力，包含了长周期的成分，即所谓二阶波浪漂移力。二阶定常漂移力可表示为相对波向角的函数[79]：

$$\left.\begin{aligned}
F_{xwave} &= \rho_0 g L_{bp} C_{Xd} \cos^3(\theta_D - \psi) \\
F_{ywave} &= \rho_0 g L_{bp} C_{Yd} \sin^3(\theta_D - \psi) \\
M_{zwave} &= \rho_0 g L_{bp} C_{Zd} \sin^2(\theta_D - \psi)
\end{aligned}\right\} \quad (2\text{-}10)$$

式中，g 为重力角速度；θ_D 为波浪方向；ψ 为艏向角；C_{Xd}、C_{Yd} 和 C_{Zd} 为定常波浪漂移力系数，它们由下式确定[80]：

$$\left.\begin{aligned}
C_{Xd} &= \int_0^\infty S(\omega_0)\left[\frac{F_{Xd}(\omega_0)}{0.5\rho_0 g a^2}\right]d\omega_0 \\
C_{Yd} &= \int_0^\infty S(\omega_0)\left[\frac{F_{Yd}(\omega_0)}{0.5\rho_0 g a^2}\right]d\omega_0 \\
C_{Zd} &= \int_0^\infty S(\omega_0)\left[\frac{M_{Zd}(\omega_0)}{0.5\rho g L_{bp} a^2}\right]d\omega_0
\end{aligned}\right\} \quad (2\text{-}11)$$

式中，$S(\omega_0)$ 表示波能谱密度函数；$F_{Xd}(\omega_0)$、$F_{Yd}(\omega_0)$ 与 $M_{Zd}(\omega_0)$ 为频率 ω_0 处的二阶波浪力；a 表示波幅。

2.2.4 锚链拉力

对锚泊船来说，除了受到外力（水动力、环境载荷）合力作用外，还要受到锚链拉力 T 的约束作用。锚链拉力可以分解为水平拉力 T_h 和垂直拉力 T_v，水平拉力对船舶纵荡、横荡和艏摇运动有影响，而垂直拉力对船舶垂荡和纵摇运动有影响。对于船舶平面运动而言，锚链对船体的作用力主要表现为水平拉力。

在研究系泊缆绳拉力的数学模型时，比较常用的方法是悬链线理论。在锚链铅垂面上，锚-锚链-船体的关系如图 2-2 所示。图中，T、T_v、T_h 分别为锚链对船体作用的合力、垂向分力和水平分力；β 为锚链合力 T 与水平方向的夹角；L 为锚链悬链长；l_0 为锚链铺底链长；L_m 为放出锚链总长；w_L 为单位锚链重量；d_m 为锚孔至锚位点距离；h 为锚孔至底土高度；T_m 为锚对锚链的作用力。

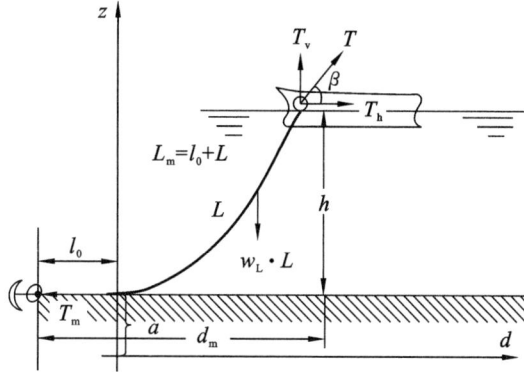

图 2-2　锚-锚链-船体间相互作用示意图

在静平衡状态下：$T_h = T_m + w_L \cdot l_0 \mu$

如没有铺底锚链，T_h 可直接用悬链力方程求解[81]：

$$T_h = w_L \cdot a = w_L \cdot \frac{L^2 - h^2}{2h} \tag{2-12}$$

式中，a 为悬链线参数。

对于有铺底锚链的情况，由于未知数多，求解比较复杂，目前还没有普遍认可的研究结果。

系泊缆张力的计算方法主要有规范法和数值模拟法两种。在各国船级社的规范中，系泊缆的设计大多采用悬链线法，该方法能简单、快捷地计算系泊缆张力。数值模拟法根据平衡特性的不同，可分为静力法和动力法；根据运动特性的不同，可分为频域法和时域法；根据数值方法的不同，可分为解析法、集中质量法、有限差分法、有限元法和摄动法等[66,76,80,82-88]。

根据目前掌握的资料来看，系泊缆张力研究都是以船舶稳态（即外力平衡）为前提，通过计算风、流、浪等外力得到平衡状态下所需的系泊力，进而推导锚链长度和锚悬链长度，对锚泊线进行设计。对于锚泊移位系统，上述研究成果并不适用于分析船舶运动过程中的锚链拉力。

如 1.2.2 节所述，工程船舶锚泊定位系统是依靠本船各台锚机绞缆（或锚链），使船舶实现定位、移位作业。非自航工程船舶的锚机兼移船绞车，《工程船舶设计基准》（日本工程船舶设计标准编订委员会编）有关"移船绞车"有如下论述[19]：

① 锚和锚链（或缆索）抓持力之总和视作船舶系泊的拉力 P_t，该力与作业时海况形成的外力相平衡，即船舶停泊时，P_t 与水动力、环境载荷力相平衡使得船

舶处于相对稳定状态；

② 移船绞车的绞缆产生的水平拉力 T_h 可由以下公式估算：

$$T_h = Q_a + Q_w \tag{2-13}$$

风阻力：

$$\left. \begin{array}{l} Q_a = cqA_aK_a \\[2mm] q = \dfrac{v^2}{30}\sqrt[4]{h} \end{array} \right\} \tag{2-14}$$

水阻力：

$$Q_w = \frac{1}{2}\rho V^2 1.2A_wC_x \tag{2-15}$$

式中，c 为风力系数；q 为风压；v 为风速；h 为受风面距水线（面）的高度；A_a 为水线（面）以上船体正投影面积；K_a 为风向影响系数；ρ 为海水密度；V 为绞缆速度；A_w 为水线（面）以下船体正投影面积；C_x 为阻尼系数。

因此，对于四锚锚泊船，其锚泊拉力的合力分量及力矩为：

$$\left. \begin{array}{l} \displaystyle\sum_{i=1}^{4} T_X^{(i)} = \sum_{i=1}^{4} T^{(i)}\cos\omega^{(i)} = Q_{AX} + K_{Q_w}\sum_{i=1}^{4} V_i^2\cos\omega^{(i)} \\[5mm] \displaystyle\sum_{i=1}^{4} T_Y^{(i)} = \sum_{i=1}^{4} T^{(i)}\sin\omega^{(i)} = Q_{AY} + K_{Q_w}\sum_{i=1}^{4} V_i^2\sin\omega^{(i)} \\[5mm] \displaystyle\sum_{i=1}^{4} (x_p^{(i)}T_Y^{(i)} - y_p^{(i)}T_X^{(i)}) = N_A + K_{Q_w}\sum_{i=1}^{4} V_i^2(x_p^{(i)}\sin\omega^{(i)} - y_p^{(i)}\cos\omega^{(i)}) \end{array} \right\}$$

$$\tag{2-16}$$

式中，$\omega^{(i)}$ 为第 i 根锚链与动坐标系 X 轴的夹角，逆时针方向计量；$(x_p^{(i)}, y_p^{(i)})$ 为第 i 根锚链对应的导缆孔在动坐标系中的坐标；$Q_{AX} = \displaystyle\sum_{i=1}^{4} Q_a\cos\omega^{(i)} = \sum_{i=1}^{4} cqA_aK_a\cos\omega^{(i)}$；$Q_{AY} = \displaystyle\sum_{i=1}^{4} Q_a\sin\omega^{(i)} = \sum_{i=1}^{4} cqA_aK_a\sin\omega^{(i)}$；$K_{Q_w} = 0.6\rho A_wC_x$；$N_A = \displaystyle\sum_{i=1}^{4} (x_p^i Q_a\sin\omega^{(i)} - y_p^i Q_a\cos\omega^{(i)}) = cqA_aK_a\sum_{i=1}^{4} (x_p^i\sin\omega^{(i)} - y_p^i\cos\omega^{(i)})$。

2.2.5　工程船舶运动线性模型

工程船舶在移船施工过程中，忽略环境载荷的影响，沿用 Abkowitz 的研究方案，将水动力、力矩线性表达式(2-6)和四锚锚链拉力、力矩表达式(2-16)代入式(2-2)中，同时将该式左端进行线性化处理，由此得到锚泊船平面运动线性数学模型：

$$\begin{bmatrix} (m-X_{\dot u}) & 0 & (m-X_{\dot r}) \\ 0 & (m-Y_{\dot v}) & 0 \\ -N_{\dot u} & 0 & (I_z-N_{\dot r}) \end{bmatrix} \begin{bmatrix} \dot u \\ \dot v \\ \dot r \end{bmatrix} = \begin{bmatrix} X_u & 0 & X_r \\ 0 & Y_v & 0 \\ N_u & 0 & N_r \end{bmatrix} \begin{bmatrix} u \\ \Delta v \\ r \end{bmatrix} + \begin{bmatrix} Q_{AX} \\ Q_{AY} \\ N_A \end{bmatrix} +$$

$$K_{Q_w} \begin{bmatrix} \cos\omega^1 & \cos\omega^2 & \cos\omega^3 & \cos\omega^4 \\ \sin\omega^1 & \sin\omega^2 & \sin\omega^3 & \sin\omega^4 \\ (\sin\omega^1-\cos\omega^1) & (\sin\omega^2-\cos\omega^2) & (\sin\omega^3-\cos\omega^3) & (\sin\omega^4-\cos\omega^4) \end{bmatrix} \begin{bmatrix} V_1^2 \\ V_2^2 \\ V_3^2 \\ V_4^2 \end{bmatrix}$$

$$\tag{2-17}$$

式(2-17)表明,在线性化前提下,横向运动与其他两个自由度上的运动相互独立,从移船速度控制的角度,横向移船运动可以单独考虑;纵向运动及转艏运动与船舶航迹、航向保持密切相关,是本书研究的重点,故式(2-17)重新写成:

$$(m-Y_{\dot v})=Y_v\Delta v \tag{2-18}$$

$$\begin{bmatrix} (m-X_{\dot u}) & (m-X_{\dot r}) \\ -N_{\dot u} & (I_z-N_{\dot r}) \end{bmatrix} \begin{bmatrix} \dot u \\ \dot r \end{bmatrix} = \begin{bmatrix} X_u & X_r \\ N_u & N_r \end{bmatrix} \begin{bmatrix} u \\ r \end{bmatrix} + KW \begin{bmatrix} V_1^2 \\ V_2^2 \\ V_3^2 \\ V_4^2 \end{bmatrix} + \begin{bmatrix} Q_{AX} \\ N_A \end{bmatrix} \tag{2-19}$$

式中, $KW=K_{Q_w} \begin{bmatrix} \cos\omega^1 & \cos\omega^2 & \cos\omega^3 & \cos\omega^4 \\ (\sin\omega^1-\cos\omega^1) & (\sin\omega^2-\cos\omega^2) & (\sin\omega^3-\cos\omega^3) & (\sin\omega^4-\cos\omega^4) \end{bmatrix}$ 。

将式(2-19)简记为:

$$I\dot X=PX+KV+Q \tag{2-20}$$

设 I 的逆存在,则式(2-20)变为:

$$\dot X=I^{-1}PX+I^{-1}KV+I^{-1}Q \tag{2-21}$$

简记为:

$$\dot X=AX+BV+U \tag{2-22}$$

对于航迹保持来说,增加输入方程:

$$Y=CX \tag{2-23}$$

式中, Y 为纵向位移,因为 $Y=uT$, T 为采样周期,故 $C=[T\quad 0]$ 。

在式(2-22)的基础上增加航向偏差 $\Delta\varphi$ 作为状态变量,因为 $\Delta\dot\varphi=r$,可得工程船舶三维运动模型:

$$\dot X_{(3)}=A_{(3)}X_{(3)}+B_{(3)}V+U_{(3)} \tag{2-24}$$

式中，$X_{(3)} = \begin{bmatrix} u & r & \Delta\varphi \end{bmatrix}^{\mathrm{T}}$；$A_{(3)} = \begin{bmatrix} & & 0 \\ A & & 0 \\ 0 & 1 & 0 \end{bmatrix}$；$B_{(3)} = \begin{bmatrix} B \\ 0 \end{bmatrix}$；$U_{(3)} = \begin{bmatrix} U \\ 0 \end{bmatrix}$。

对于航向保持来说，采用三维运动模型表达式(2-24)，增加输出方程：

$$\varphi = CX_{(3)} \tag{2-25}$$

式中，φ 为输出航向；$C = \begin{bmatrix} 0 & 0 & 1 \end{bmatrix}$。

通过对工程船舶锚泊移位系统的运动机理分析，得到工程船舶运动线性模型。其中涉及的一些参数需要通过特定的船模实验获得。目前实验条件尚不具备，因此下文拟基于神经网络系统辨识方法建立锚泊型工程船舶运动模型，利用实船作业采集的样本数据进行网络参数训练学习，由此得到移船绞车的绞缆速度与船舶纵向位移、航向偏转之间的映射关系。

2.3 神经网络辨识与建模

2.3.1 系统建模的一般方法

系统模型一般可以分为物理模型和数学模型，前者与实际系统有相似的物理性质，比如按比例缩小的实物模型或生产过程中试制的样机模型；后者是对实际系统的一种相似描述，它是用抽象的数学方程来描述系统内部物理变量之间的关系。

按建模方法分类，系统建模主要包括机理建模和辨识建模两种方法。机理建模是根据系统的内在机理，利用能量平衡、物质平衡、反应动力学等规律，推导得出描述操作变量与状态变量及输出变量之间的函数关系式。机理建模的定性结论一般是正确的，但通常是在一定假设或简化条件下得到的，而且精度不一定满足要求。另外，有些实际系统的机理过程复杂多变，单纯通过理论分析往往难以建立系统的机理模型[89,90]。

辨识建模方法是根据被控系统的输入、输出数据建立模型，可分为结构辨识与参数辨识两个过程，而且往往需要经过多次的反复，才能获得令人满意的模型[90,91]。结构辨识一般需要利用目标系统的先验知识来确定模型的结构，若没有任何先验知识，则只能通过试探的方法来选择。通常，模型可由参数函数 $y = f(X,\theta)$ 来表示，其中 X 为输入向量，θ 为参数向量。模型结构确定后，可利用优化技术来确定参数向量 $\theta = \hat{\theta}$，以便使模型 $\hat{y} = f(X,\hat{\theta})$ 恰当描述系统。

按系统的特点不同,系统辨识建模一般分为线性系统辨识与非线性系统辨识,传统的系统辨识一般建立在线性模型基础上,代表性的方法有最小二乘法、极大似然法、梯度校正法、辅助变量法等。对于某一类非线性系统,可以采用相平面法、线性化技术、描述函数法等进行控制器的分析和设计,但由于非线性系统的多样性和复杂性,目前还没有对非线性系统的控制器进行综合设计的通用性强的方法。随着一些新的辨识建模方法,如人工神经网络建模、模糊建模方法的相继出现,非线性系统的模型辨识困难问题有望得到解决。

由于神经网络有良好的非线性函数逼近能力,已有结果证明[92,93]:具有一个或一个以上 Sigmoid 隐含层的多层前馈网络可以以任意精度逼近任意非线性函数,是通用的非线性函数逼近器,因此神经网络广泛应用于非线性系统的辨识问题中。神经网络系统辨识的任务是利用系统的输入输出数据来训练一个由神经网络构成的模型,使得所要求的误差函数达到最小,也就是使模型能足够地逼近给定的非线性系统,从而归纳出隐含在系统输入和输出数据中的关系。

2.3.2　神经网络辨识结构与方案

神经网络系统辨识一般分为前向动态模型辨识和逆动态模型辨识。

（1）前向动态模型辨识

以单输入单输出（SISO）系统为例,非线性离散系统可用式（2-26）表示:

$$Z(k+1)=f[Z(k),Z(k-1),\cdots,Z(k-n+1),u(k),u(k-1),\cdots,u(k-m+1)]$$

$$(2-26)$$

前向动态模型辨识一般采用图 2-3 所示的系统辨识结构[94]。

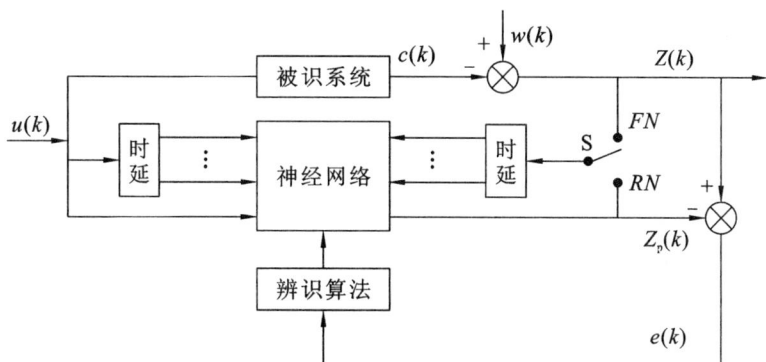

图 2-3　前向动态模型辨识结构

图 2-3 中开关 S 位于 FN 位置时,神经网络辨识模型为式（2-27）,称为串-并联模式,即利用过去的输入输出值来预报当前输出,有:

$$Z_p(k+1) = N[w, Z(k), Z(k-1), \cdots, Z(k-n+1), u(k),$$
$$u(k-1), \cdots, u(k-m+1)] \tag{2-27}$$

图 2-3 中开关 S 位于 RN 位置时，神经网络辨识模型为式(2-28)，称为并联模式，即采用模型输出来替代对象的输出，有：

$$Z_p(k+1) = N[w, Z_p(k), Z_p(k-1), \cdots, Z_p(k-n+1), u(k),$$
$$u(k-1), \cdots, u(k-m+1)] \tag{2-28}$$

式(2-27)、式(2-28)中，w 为神经网络的权空间；$Z(k), Z(k-1), \cdots, Z(k-n+1)$ 为样本数据对中的输出值；$Z_p(k), Z_p(k-1), \cdots, Z_p(k-n+1)$ 为神经网络模型的输出；$N(\cdot)$ 为神经网络实现的对 f 的近似。

前向动态模型辨识的神经网络一般采用具有逼近任意非线性函数能力的 RBF 网络或多层前向神经网络。辨识算法多采用 BP 算法、递推最小二乘 (RLS)算法或动态 BP 算法。

（2）逆动态模型辨识

逆动态模型辨识是神经网络辨识的核心部分，在非线性系统的辨识与控制中得到了广泛的应用。逆动态模型辨识方法主要有三种：直接法、间接法和反馈误差法，如图 2-4 所示。

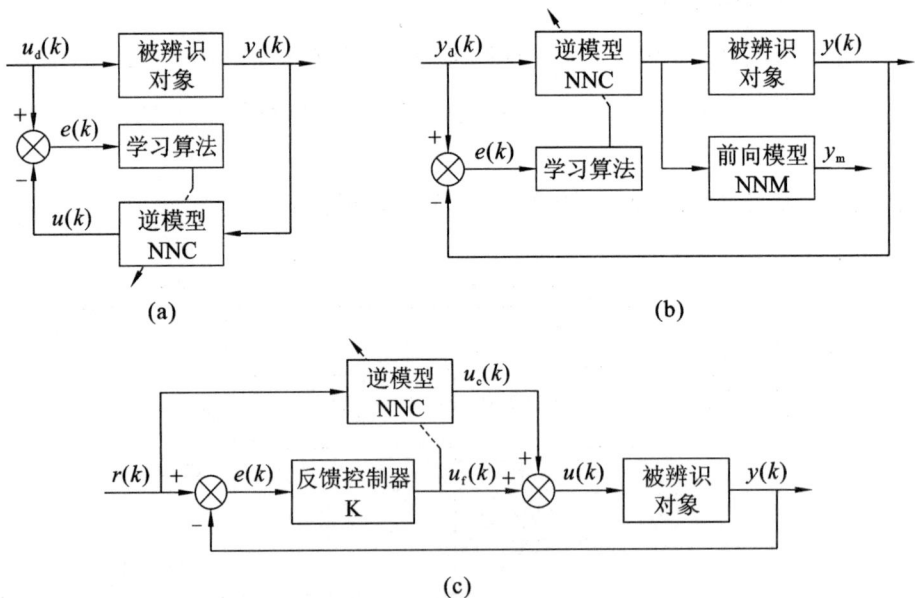

图 2-4　逆动态模型辨识系统结构

(a)直接法 (b)间接法 (c)反馈误差法

① 直接法[又称普遍学习(General Learning)]

直接法辨识逆动态模型的结构如图 2-4(a)所示,用被辨识对象的期望输出 y_d 和误差 e 来训练逆动态模型神经网络。逆动态模型神经网络常采用多层前向神经网络、CMAC(Cerebellar Model Articulation Controller)网络和多层感知器网络。

② 间接法[又称限定学习(Specialized Learning)]

间接法辨识动态模型是在未知系统的动力学模型(即正模型)的基础上,建立逆动力学模型,其辨识结构如图 2-4(b)所示,逆动态神经网络模型 NNC 与被辨识对象相串联,已训练好的前向动态神经网络模型 NNM 与被辨识对象相并联。被辨识对象的期望输出值 $y_d(k)$ 作为逆动态模型的输入,被辨识对象的实际输出 $y(k)$ 与期望输出 $y_d(k)$ 之差 e 作为输入,调整逆动态神经网络模型 NNC 的权空间 W,要用到未知对象的梯度信息时就用前向动态模型神经网络 NNM 代替。

此辨识结构可在特定的感兴趣的区域内进行学习,可用于在线辨识。它避免了用直接法辨识逆动态模型要求被辨识对象的输入输出是可逆以及持续激励的条件。但在训练逆模型 NNC 的过程中,NNC 同时作为前馈控制器在起作用,如果 NNC 的参数初始值选得不好,控制系统可能不稳定,这是它的一个缺点。为克服这个缺点,必须用其他方法先获得 NNC 参数较好的初值。

③ 反馈误差法(Feedback Error)

反馈误差法辨识逆动态模型的结构如图 2-4(c)所示,它是一个前馈-反馈控制系统。反馈控制器 K 可以为经典控制器或模糊控制器,其输出为 u_f。神经网络逆模型 NNC 作为前馈控制器,输出为 u_c,$u_f + u_c = u$ 作为被控对象的控制量。在训练初期,即使 NNC 的参数不合适,但由于 K 的作用仍能使控制系统稳定工作,从而克服了间接法需要 NNC 有较好的初值的缺点。而 NNC 是以 u_f 作为偏差信号进行学习的,经过充分的训练后,$u_f \to 0$,$u_c \to u$,并使 $y \to r$,$e \to 0$,反馈控制不再起作用,此时 NNC 即训练成对象的逆模型。

反馈误差法不仅克服了间接法的缺点,而且是"目标指引"的,因而是一种较好的训练逆模型方法。使用该方法需要先设计一个合适的反馈控制器 K 以使被控系统稳定工作,但并不要求 K 最优,因此设计 K 并不困难。反馈误差法通常用于在线辨识。

除以上三种主要的辨识方法和神经网络结构外,Hopfield 网络和 ART 网络也被用于系统辨识。基于 Hopfield 网络的辨识方法是一种参数化辨识方法,用于直接估计线性系统的参数。应用 ART 网络的联想功能可辨识系统动态特性的特征参数或性能指标,但它的辨识结果为系统参数空间中的某些离散点,辨识精度与原形集中的选择和规模有关,用于控制回路时对参数慢时变系统具有一定的适应性。

2.3.3 神经网络辨识的特点

由于神经网络通过学习可以具有任意非线性映射能力,将神经网络应用于非线性系统的建模与辨识,可不受非线性模型类型的限制,便于给出工程上易于实现的学习算法。神经网络用于系统辨识时具有以下几个特点[95,96]:

① 不需要建立实际系统的辨识格式。因为神经网络本质上已作为一种辨识模型,其可调参数反映在网络内部的权值上。

② 可以对本质非线性系统进行辨识。辨识是非算法式的,神经网络本身作为一种辨识模型,是通过在网络外部拟合系统的输入输出数据、在网络内部归纳隐含在输入输出数据中的系统特性来完成辨识的。

③ 辨识的收敛速度不依赖于待辨识系统的维数,只与神经网络本身及其所采用的学习算法有关,而传统的辨识算法会随着模型参数维数的增大而变得较复杂。

④ 神经网络具有大量连接,其连接权值对应于模型参数,通过调节这些参数可使网络输出逼近系统输出。

⑤ 神经网络作为实际系统的辨识模型,实际上也是系统的一个物理实现,可以用于在线控制。

2.4 基于神经网络的工程船舶系统辨识

锚泊移位型工程船舶是典型的非线性动态系统,本节以一种典型的锚泊移位型工程船舶——软体铺排船为例,说明基于神经网络的动态系统建模过程。

2.4.1 辨识对象分析

软体排铺设船(以下简称铺排船)是为适应航道整治工程的需要,满足对软质基础河床构造建筑物的要求而设计的专用工程船舶。施工作业设备主要由锚泊移位系统(多台移船绞车)、卷筒机构、滑板机构和其他附属机构组成,结构如图 2-5 所示。

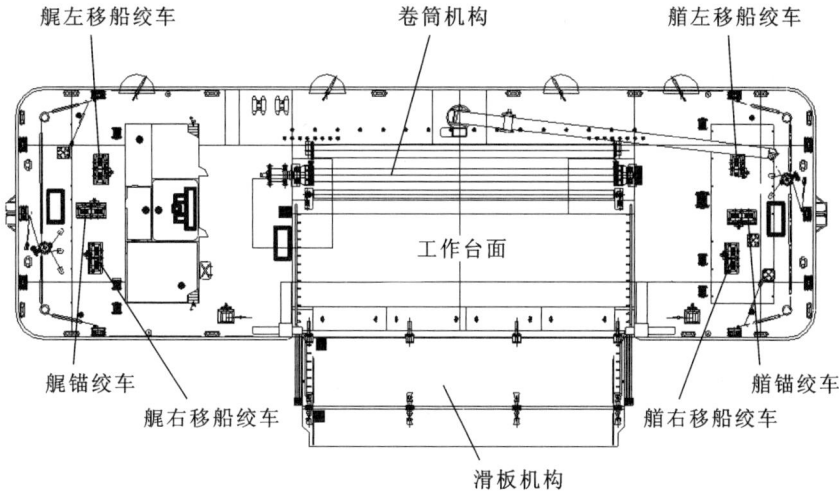

图 2-5　铺排船结构示意图

铺设土工布是该船的主要作业内容,土工布由预制厂做成所需的宽度和长度,将此布叠成块状,由运输驳船运到该船侧,利用船艉克令吊把驳船上的预制布捆吊到船首平台上储存。在需用时,由平台上取下布捆,在船甲板上展开并卷上土工布卷筒。

施工前,把卷在筒上的土工布由人工拉到下水滑板边即右舷侧,利用船艉克令吊和/或皮带运输机构将混凝土联锁块运至工作台面,根据施工要求人工绑扎制成软体排。然后将滑板翻下,软体排依靠自重慢慢滑入水中,此时启动土工布卷筒放出土工布,并同时启动多台移船绞车使船舶横向位移,协调卷筒放出土工布的速度和移船速度,使之同步。软体排入水后沉入水底,借助船舶的位移,软体排便铺设于江(海)底。铺排船工作过程如图 2-6 所示。为保证在软体排基础上的抛枕、抛石和导堤施工的可靠性,要求相邻两块软体排之间有一定的搭接宽度。

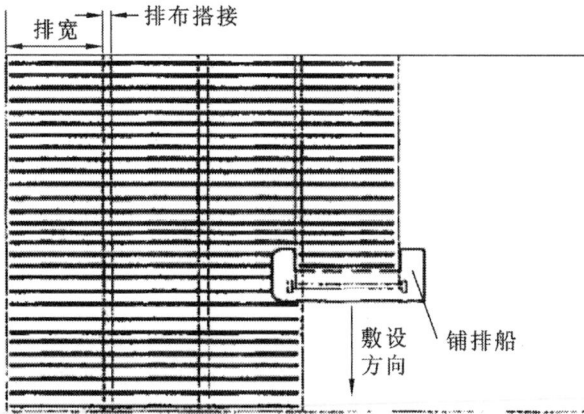

图 2-6　铺排船工作过程示意图

以重庆航道工程局 22m 排宽的铺排船"渝工排 1 号"为例。该船为非自航箱形结构,主要参数如下[2]:

总长　　　　　　59.50m

船宽　　　　　　18.00m

型深　　　　　　3.20m

结构吃水　　　　2.00m

作业吃水　　　　1.60m

空载作业吃水　　1.35m

软体排宽度　　　22.00m

连续放排长度　　200m

主滑板尺度　　　5×24.0m

副滑板尺度　　　4×24.0m

船员　　　　　　8 人

自持力　　　　　20 天

作业水深　　　　1.5~14.0m

作业流速　　　　2.0m/s

气象条件　　　　6 级风以下作业,8 级风以下调遣

该船按施工作业要求设六锚定位系统,以保证移船过程和定位的准确性,同时也兼作锚泊用,施工时一般呈八字形布置。该船主要施工设备具体配置如下:

(1) 艏(艉)锚绞车(2 台)

该绞车布置在艏艉中间位置,作用是控制艏(艉)锚钢丝绳的收放,以克服移船及定位过程中纵向流对本船及停靠的驳船的总作用力。绞车额定拉力 160kN、速度 0~9m/min 可变、钢丝绳 φ36.5mm、刹车负荷 400kN。

(2) 移船绞车(4 台)

该绞车布置在艏艉左、右舷,作用是完成船舶的准确定位和横向移位。

艏艉左舷两台 160kN 移船绞车,结构和性能与艏(艉)锚绞车相同。

艏艉右舷两台 100kN 移船绞车,速度 0~9m/min、钢丝绳 φ28mm、刹车负荷 250kN。

(3) 容缆绞车(6 台)

前述艏(艉)锚绞车和移船绞车为双卷筒摩擦绞车,绞车的卷筒上不存放钢丝绳,每台绞车所收进的钢丝绳,通过导向滑轮导向后卷绕在各自的容缆绞车卷筒上。故该船共配有 6 台容缆绞车,其中 φ28mm 容缆绞车 2 台,φ36.5mm 容缆绞车

4 台,均为卧式、单卷筒,低速大扭矩液压马达经一级开式齿轮减速后驱动卷筒轴,配排缆器和带式刹车,容绳量均为 1000m。

（4）土工布卷绕及放排装置

该装置位于工作区左侧,其作用是将折叠状的土工布在工作人员的帮助下卷绕到卷筒上,在铺排过程中主动放排,并可在船上进行排布接长。土工布卷筒的平均速度为 20m/min,上排力可达 67.88kN。

（5）滑板系统

用于将已绑扎好混凝土联锁块的软体排以一定角度和速度从甲板上导入水底泥面,防止软体排在水底变形和拥堆,保证施工精度和质量。

软体铺排船锚泊移位系统如图 2-7 所示,艏艉锚缆沿水流方向伸展用于牵引船舶,艉左、艉右、艏左、艏右四台移船绞车执行"左收右放"动作,产生的合力拉动铺排船沿预定工作线方向移船,移船过程中卷筒转动下放软体排沿滑板入水着落河床。为保证两块软体排的搭接宽度,船舶在锚泊移位系统作用下沿船纵轴线方向的纵向位移,是衡量施工精度的主要指标。

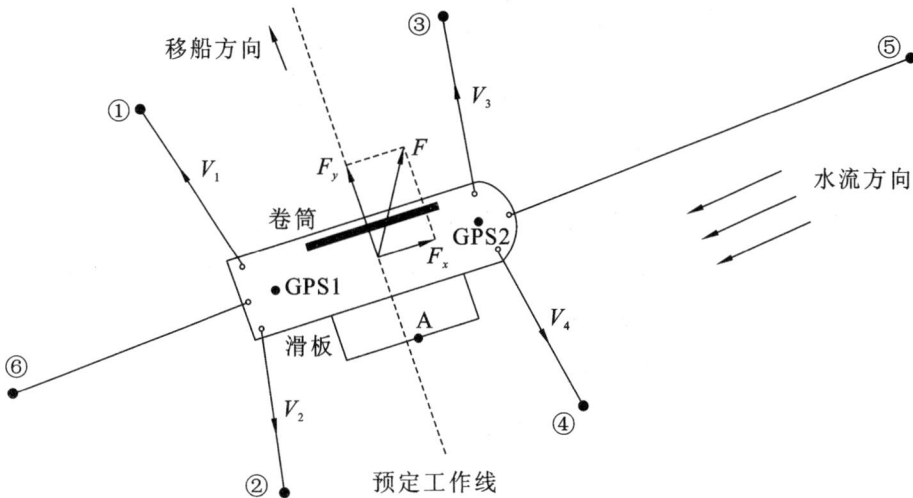

图 2-7 软体铺排船锚泊系统示意图

根据 2.2 节中推导的工程船舶二维运动线性模型,有:

$$\begin{bmatrix} (m-X_{\dot{u}}) & (m-X_{\dot{r}}) \\ -N_{\dot{u}} & (I_z-N_{\dot{r}}) \end{bmatrix}\begin{bmatrix} \dot{u} \\ \dot{r} \end{bmatrix}=\begin{bmatrix} X_u & X_r \\ N_u & N_r \end{bmatrix}\begin{bmatrix} u \\ r \end{bmatrix}+KW\begin{bmatrix} V_1^2 \\ V_2^2 \\ V_3^2 \\ V_4^2 \end{bmatrix}+\begin{bmatrix} Q_{AX} \\ N_A \end{bmatrix}$$

$$Y = \begin{bmatrix} 1 & 0 \end{bmatrix} \begin{bmatrix} u \\ r \end{bmatrix}$$

可知,工程船舶纵向位移 Y 与四个移船绞车的绞缆速度 $V = \begin{bmatrix} v_1 & v_2 & v_3 & v_4 \end{bmatrix}^{\mathrm{T}}$ 之间存在映射关系。基于神经网络系统辨识方法,可建立工程船舶的位移输入/输出模型。

2.4.2　基于前馈神经网络的工程船舶位移模型

根据前面铺排船结构和施工工艺的介绍,建立图 2-8 所示的一个 $4 \times 12 \times 1$ 的锚泊移位系统 BP 神经网络模型[97]。

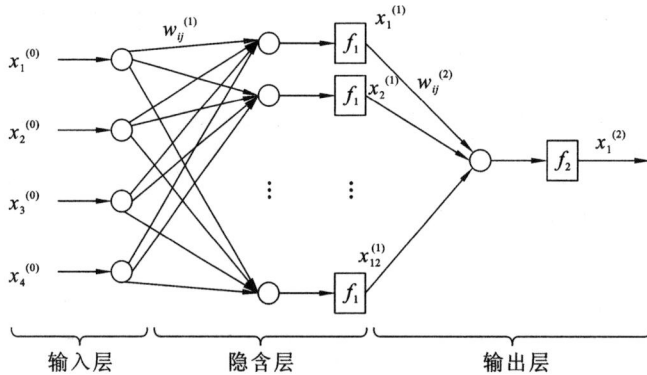

图 2-8　铺排船锚泊移位系统 BP 神经网络结构示意图

该神经网络模型采用典型的三层结构,即输入层、隐含层和输出层。输入层设置 4 个神经元 $x_1^{(0)} \sim x_4^{(0)}$,分别表示艉左、艉右、艏左、艏右四台移船绞车收放缆速度给定,即对应运动模型中的输入向量 $V = \begin{bmatrix} v_1 & v_2 & v_3 & v_4 \end{bmatrix}^{\mathrm{T}}$;输出层设置 1 个神经元 $x_1^{(2)}$,表示铺排船纵向位移,对应运动模型中的输出量 Y;隐含层设置 12 个神经元 $x_1^{(1)} \sim x_{12}^{(1)}$。网络输出关系如下:

$$s_i^{(p)} = \sum_{j=0}^{4} w_{ij}^{(1)} x_j^{(p-1)}, \quad x_0^{(p-1)} = \theta_i^{(p)}, \quad w_{i0}^{(p)} = 1 \tag{2-29}$$

$$x_i^{(1)} = f_1(s_i^{(1)}) = \frac{1}{1 + e^{-s_i^{(1)}}}, \quad i = 1, 2, \cdots, 12, \quad j = 1, 2, 3, 4 \tag{2-30}$$

$$x_1^{(2)} = f_2(s_j^{(2)}) = \sum_{j=0}^{12} w_{ij}^{(1)} x_j^{(1)}, \quad j = 1, 2, \cdots, 12 \tag{2-31}$$

式中,$w_{ij}^{(p)}$ 是第 $p-1$ 层上第 i 个神经元与第 p 层上第 j 个神经元间的权值;$\theta_i^{(p)}$ 是第 p 层的第 i 个神经元的阈值。神经网络中的权值和各神经元的阈值即为待辨识的参数。

以 MATLAB 7.0 软件为仿真研究平台,利用其神经网络工具箱可方便地实现神经网络的创建和训练过程。步骤如下:

步骤 1:样本数据预处理。包括数据滤波、归一化处理,以消除样本数据的输入顺序、量纲等因素对训练结果的影响。

步骤 2:网络建立及参数初始化。

利用 MATLAB 神经网络工具箱中的函数 newff 建立 BP 网络并进行初始化,关键语句如下:

$$net = newff(PR, [12,1], 'logsig', 'purelin');$$

式中,PR 为一个 4×2 的矩阵,记录输入向量样本的最小值和最大值;[12,1]表示该 BP 网络的隐含层有 12 个神经元,输出层只有一个神经元;'logsig'表示网络隐含层采用对数 S 型函数;'purelin'表示网络输出层采用线性激活函数。

利用 newff 函数建立锚泊移位系统 BP 神经网络模型,其中网络的初始权值取 [-1,+1]之间的随机数。

步骤 3:BP 网络学习训练。

采用 Levenberg-Marquardt(简称 L-M)算法来训练网络权值,L-M 算法是一种基于数值优化的学习方法,其实质是梯度下降法和牛顿法的结合,它的优点在于网络权值较少时收敛非常迅速,其权值修正的迭代公式为:

$$\left.\begin{array}{l} f(X^{(k+1)}) = \min f[X^{(k)} + \alpha^{(k)} S(X^{(k)})] \\ X^{(k+1)} = X^{(k)} + \alpha^{(k)} S(X^{(k)}) \end{array}\right\} \tag{2-32}$$

式中,$X^{(k)}$ 为网络的所有权值和阈值组成的向量;$S(X^{(k)})$ 为由 X 各分量组成的向量空间的搜索方向;$\alpha^{(k)}$ 为在 $S(X^{(k)})$ 方向上使 $f(X^{(k+1)})$ 达到极小的步长。

从现场实测数据中筛选了 166 组典型数据,采样周期为 5s。将实测数据逢 10 间隔抽取 16 组数据作为检验样本,其余 150 组作为训练样本。MATLAB 仿真程序关键代码如下:

```
net. trainFcn='trainlm'          %设置训练函数为 L-M 训练算法
net. performFcn='msereg';        %设置网络性能函数为归一化均
                                   方误差性能函数
net. trainParam. epochs=10000;   %设置迭代次数为10000
net. trainParam. goal=0.01       %设置迭代误差目标值为 0.01
[net,tr]=train(net,Ptrain,Ttrain); %用样本训练 BP 网络
```

步骤 4:输出 BP 网络模型参数。

其神经网络的参数如下:

隐含层神经元

权值矩阵 $iw^1 =$ [
-225.4470	-191.5235	-345.0633	-267.3079
4.4438	-0.8250	-0.9391	-1.7212
3.3062	-37.6193	-21.0397	-34.2203
-16.1392	52.0690	21.1433	-40.9807
94.2803	33.6707	51.9108	26.2343
-9.5091	-2.7708	-7.1405	-15.0763
1.9602	-0.4705	-0.5433	-2.4665
-21.8326	-28.6207	-10.5131	8.8033
-591.9590	-316.8386	-252.6677	110.4598
503.0776	243.7843	223.2559	-62.5021
68.5743	-50.3747	-21.4013	-165.0058
226.6781	-32.5975	-560.8086	159.8793]

阈值矩阵 $b^1 =$ [$104.4604, -2.7433, -27.1406, 28.3420, 2.9444, 9.6826,$ $-0.3086, 11.2510, 90.2940, -75.0097, 34.9257, 322.4132$]

输出层神经元

权值矩阵 $iw^2 =$ [$-8.6690, -39.7332, -8.6264, -7.8473, -25.5894, -18.7227, 119.1872, 5.9913, 12.4709, 3.6694, -31.2543, 12.5480$]

阈值矩阵 $b^2 =$ [-2.5165]

基于 BP 网络的位移模型网络输出结果如图 2-9 所示。位移模型网络输出相对训练样本的均方误差值 $mse = 0.0150$,相对检验样本的均方误差值 $mse = 2619.2$。

从以上仿真结果来看,基于 BP 的位移前馈神经网络模型对样本的拟合精度和泛化能力都有待提高。

2.4.3　基于回归神经网络的工程船舶位移模型

前馈神经网络具有逼近任意连续非线性函数的能力,但这种网络结构一般都是静态的,而非线性动态系统具有动态特性,这恰恰是 BP 神经网络等多层前馈网络所缺乏的,即使利用其对动态系统进行辨识控制,也是将动态时间的建模问题转化为一个静态空间的建模问题。

前向回归神经网络与静态前馈型神经网络不同,将前馈网络的隐含层节点或

(a)

(b)

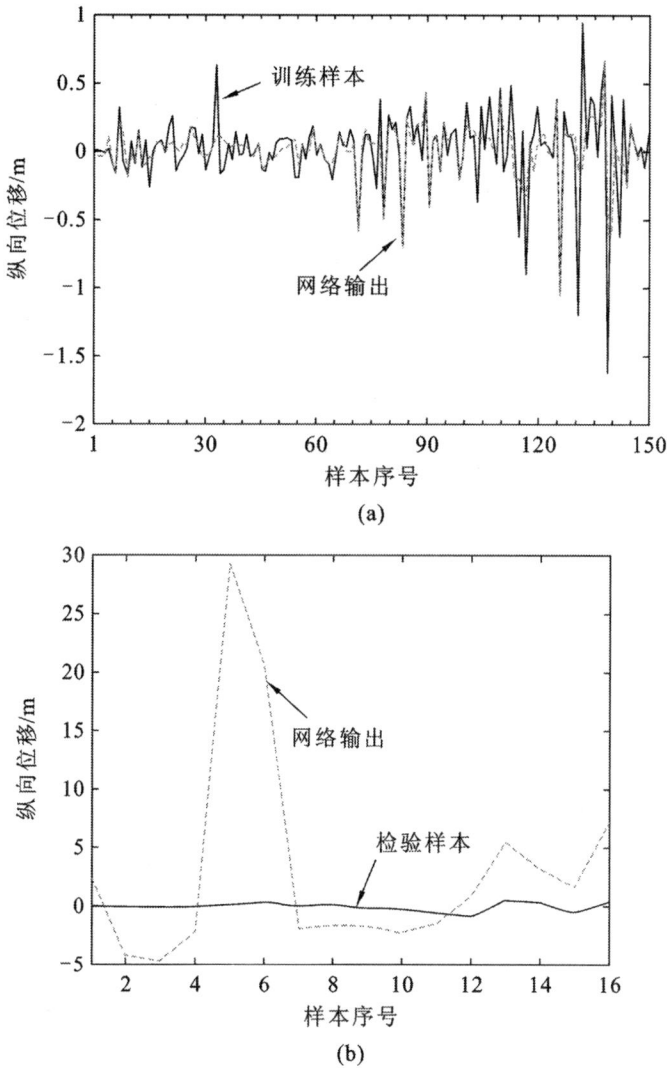

图 2-9　基于 BP 网络的位移前馈神经网络模型的网络输出结果

(a)基于训练样本的位移模型网络输出;(b)基于检验样本的位移模型网络输出

输出节点上的值反馈到前一层节点上或者在本层节点上进行自反馈。反馈网络通过存储内部状态,使其具备映射动态特征的功能,从而使系统具有适应时变特性的能力,由此克服一般多层前馈网络在系统辨识控制中存在的问题。在前向回归神经网络中,Elman 网络结构简单、运算量小,更适合于非线性动态系统辨识[95,98]。

采用图 2-10 所示的 Elman 网络结构建立该工程船舶位移模型。辨识模型采用串-并联结构,即将被控对象的输入输出数据样本作为反馈网络的输入,利用学习算法不断减小网络模型输出与被控对象输出的差值,最终实现对锚泊移位系统模型的逼近。

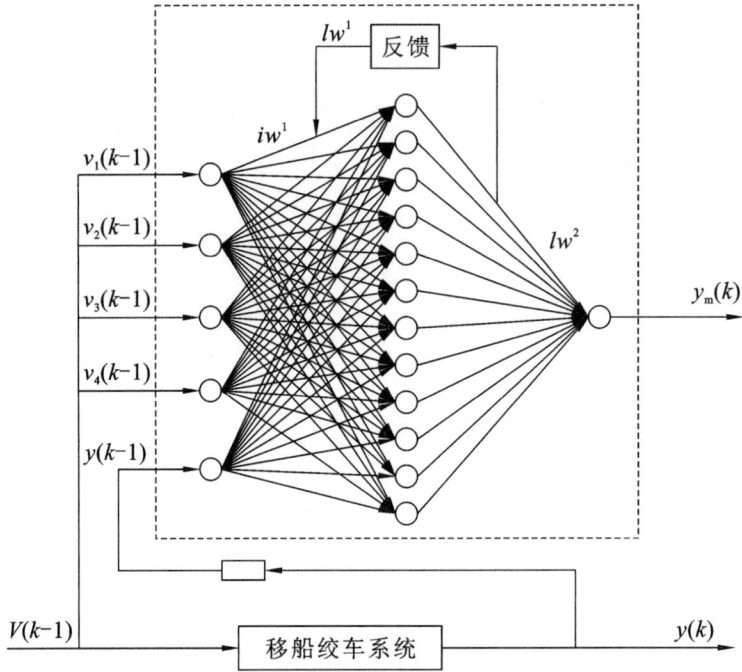

图 2-10　铺排船移船绞车系统多层回归神经网络辨识模型结构

整个网络结构分为输入层、隐含层和输出层三层：

（1）输入层设置 5 个神经元 x_i

$V(k-1)=[v_1(k-1),v_2(k-1),v_3(k-1),v_4(k-1)]$ 表示 $k-1$ 时刻艉左、艉右、艏左、艏右四台移船绞车收放缆速度给定 $x_i(k),i=1,2,3,4$；

$x_5(k)=y(k-1)$ 表示 $k-1$ 时刻的船舶纵向位移。

（2）隐含层设置 12 个神经元

第 j 个神经元在时刻 k 的输入为：

$$net_j(k) = \sum_{i=1}^{5} iw_{ij}^1 x_i(k) + \sum_{c=1}^{12} lw_{jc}^1 out_c(k-1), j = 1,2,\cdots,12 \quad (2\text{-}33)$$

式中，iw_{ij}^1 表示隐含层第 j 个神经元与输入层第 i 个神经元之间的连接权函数，$i=1,2,3,4$；lw_{jc}^1 表示隐含层第 j 个神经元与第 c 个反馈节点间的连接权函数，$c=1,2,\cdots,12$；$out_c(k-1)$ 表示隐含层第 c 个神经元在时刻 $k-1$ 的输出，同时也是第 c 个反馈节点在时刻 k 的输入，$c=1,2,\cdots,12$；

第 j 个神经元在时刻 k 的输出为：

$$out_c(k)=f[net_j(k)-b_j^1], j=1,2,\cdots,12 \quad (2\text{-}34)$$

式中，b_j^1 为隐含层第 j 个神经元的阈值；$f(\cdot)$ 为隐含层神经元的激励函数。

（3）输出层设置 1 个神经元

$y_m(k)$ 为当前时刻船舶纵向位移。

设输出层的激励函数 $g(\cdot)$ 为线性函数且 $g(z)=z$，则在时刻 k 的系统输出为：

$$y_m(k) = \sum_{j=1}^{12} lw_j^2 out_j(k) + b^2 \qquad (2\text{-}35)$$

式中，lw_j^2 表示隐含层第 j 个神经元与输出层神经元之间的连接权函数；b^2 为输出层神经元的阈值。

以 MATLAB 7.0 软件为仿真研究平台，利用 MATLAB 神经网络工具箱中的函数 newelm 建立 Elm 网络并进行初始化，关键语句如下：

    net＝newelm(PR,[12,1],{'logsig','purelin'},'trainlm');

式中，PR 为一个 5×2 的矩阵，记录输入向量样本的最小值和最大值；'logsig'表示网络隐含层采用对数 S 型函数；'purelin'表示网络输出层采用线性激活函数；'trainlm'表示网络学习训练采用 L-M 算法。

采用 2.4.2 节同样的训练样本和检验样本测试，其神经网络的参数如下：

隐含层神经元

权值矩阵 $iw^1 = [$
$\begin{array}{rrrrr}
0.0007 & 0.0012 & 0.0015 & 0.0011 & -0.4408 \\
-0.0851 & -0.0167 & -0.0757 & -0.0004 & -0.2308 \\
0.0002 & 0.0003 & 0.0002 & 0.0001 & -1.1220 \\
-0.0002 & 0.0002 & 0.0003 & 0.0001 & 1.1757 \\
-0.0014 & 0.0005 & 0.0006 & -0.0005 & 0.0553 \\
0.0003 & -0.0005 & 0.0010 & 0.0011 & -0.8830 \\
0.0003 & -0.0001 & 0.0021 & 0.0031 & 2.3103 \\
0.0003 & 0.0004 & 0.0008 & 0.0007 & 0.9071 \\
0.0001 & 0.0002 & -0.0009 & -0.0005 & 0.8022 \\
0.0002 & 0.0002 & -0.0004 & -0.0008 & 1.3981 \\
0.0011 & -0.0007 & -0.0071 & -0.0077 & 1.4368 \\
-0.0008 & 0.0003 & -0.0009 & -0.0030 & -0.3922
\end{array}]$

阈值矩阵 $b^1 = [1.1226, -1.1523, 1.7969, -0.7088, -1.7326, 3.3559,$
$4.3746, -0.5420, -2.9719, 3.4534, 4.9221, 0.5918]$

输出层神经元

权值矩阵 $iw^2 = [0.0080, 0.8169, -0.4407, 0.1256, -0.0505, -0.0268,$
$0.1619, 0.6923, 0.0549, 0.2847, 0.0611, 0.0753]$

阈值矩阵 $b^2 = [-0.3073]$

神经模型网络输出结果如图 2-11 所示(实线条为样本数据,虚线条为网络输出),位移模型网络输出相对训练样本的均方误差值 $mse = 0.0024$,相对检验样本的均方误差值 $mse = 0.0036$。

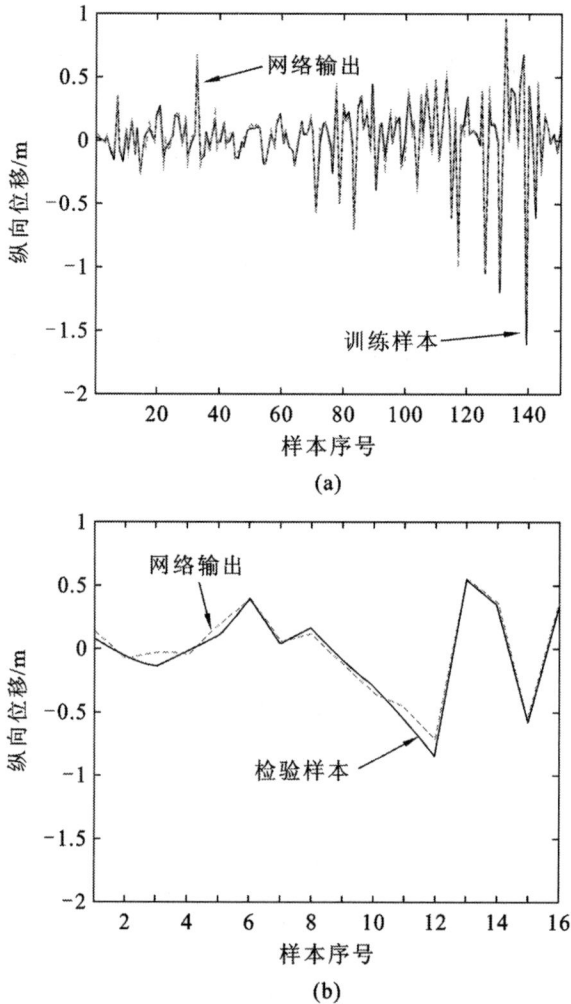

(a)

(b)

图 2-11　基于 Elman 神经网络的位移模型网络输出结果

(a)基于训练样本的位移模型网络输出;(b)基于检验样本的位移模型网络输出

2.5　本章小结

本章主要讨论了锚泊移位型工程船舶的系统建模问题。首先分析了锚泊移位型工程船舶运动模型,结合工程船舶锚泊设备作业特点,推导了工程船舶二维和三维线性运动模型。工程船舶是一种典型的非线性动态系统,在分析了基于神经网络的系统辨识结构与特点的基础上,以一类典型的锚泊移位工程船舶——软体铺排船为例,分别基于前馈和回归神经网络建立了工程船舶位移模型。

　　在 MATLAB 软件平台下,利用工程实践采集的样本数据分别对前馈神经网络模型和回归神经网络模型进行仿真训练学习。仿真实验的结果对比反映,具有反馈性能的回归神经网络的系统建模方法更适用于非线性动态系统的建模工作。

3 基于粒子群算法的工程船舶位移模型优化

3.1 引　言

粒子群优化算法(Particle Swarm Optimization Algorithm, PSO)是由美国社会心理学家 James Kennedy 博士和电气工程师 Russell Eberhart 博士在 1995 年共同提出的一种基于群智能方法的演化计算技术, 是受到他们早期对鸟类群体行为研究结果的启发, 并利用了生物学家 Frank Heppner 的生物群体模型。尽管最初的设想是仿真简单的社会系统, 研究并解释复杂的社会行为, 但后来发现 PSO 是解决复杂优化问题的有效技术[99]。目前, PSO 算法已经应用到如电力、化工、机器人、机械设计、通信、经济学、图像处理、生物信息、医学、运筹学等众多领域。

近几年, 对于 PSO 算法的理论研究和工程应用不断深入, 出现了许多改进的 PSO 算法。2004 年孙俊等人[100,101]从量子力学的角度出发, 提出了一种新的 PSO 算法模型——量子粒子群优化算法(Quantum-behaved Particle Swarm Optimization, QPSO)。在量子空间中, 粒子满足聚集态的性质完全不同, 它可以在整个可行解空间中进行搜索, 因而 QPSO 算法的全局搜索性能远远优于标准 PSO 算法。

本章将对 PSO 算法及其改进算法作详细的介绍。在阐述 QPSO 算法原理的基础上, 对其控制参数的选择和改进进行重点分析。利用改进的 QPSO 算法对前述章节建立的工程船舶位移模型进行参数优化学习, 提高模型的泛化能力。

3.2 粒子群优化算法

3.2.1 基本粒子群算法

基本 PSO 算法在数学中描述为: 在一个 D 维的搜索空间中, 由 N 个粒子组成的种群 $X=\{x_1, x_2, \cdots, x_d, \cdots, x_N\}$, 其中第 $i(i=1, 2, \cdots, N)$ 个粒子在 D 维空间中

的坐标位置和移动速度可分别表示为 $x_i=(x_{i1},x_{i2},\cdots,x_{id},\cdots,x_{iD})$ 和 $v_i=(v_{i1},v_{i2},\cdots,v_{id},\cdots,v_{iD})$，它的个体最优值(对应个体所经历的最优适应度值)为 $P_i=(P_{i1},P_{i2},\cdots,P_{id},\cdots,P_{iD})$，种群的全局最优值为 $P_g=(P_{g1},P_{g2},\cdots,P_{gd},\cdots,P_{gD})$。按照追随当前最优粒子的原理,粒子 x_d 将按式(3-1)和式(3-2)改变速度和位置,即:

$$v_{id}^{k+1}=v_{id}^k+c_1r_1(p_{id}-x_{id}^k)+c_2r_2(p_{gd}-x_{id}^k) \tag{3-1}$$

$$x_{id}^{k+1}=x_{id}^k+v_{id}^{k+1} \tag{3-2}$$

式中, k 为当前迭代次数; c_1 和 c_2 为正整数,称为学习因子,分别为认知(Cognitive)参数和社会(Social)参数; r_1 和 r_2 为分布于 $[0,1]$ 之间的随机数。

粒子群算法在搜索最优解时,粒子有可能在某一维上远离搜索空间,因此在对粒子速度进行更新时,常将粒子的速度限制在设定的 $[-V_{max},V_{max}]$ 范围内:

$$v_{id}^{k+1}=\min(abs[v_{id}^{k+1}],V_{max}) \tag{3-3}$$

式中, V_{max} 为用户根据问题设定的常数,即在每一次迭代时将粒子的最大移动步长限定在一个范围内,以保证粒子速度不至于过大而远离搜索空间。

从社会学的角度来看,粒子速度更新公式(3-1)可看成由三部分组成[102]:

① "惯性"部分。粒子先前的速度乘以一个权值进行加速,表示粒子对当前自身运动状态的信任,依据自身的速度进行惯性运动。

② "认知"部分。粒子当前位置与自身最优位置之间的距离,表示粒子本身的思考,即粒子的运动来源于自己经验的部分。

③ "社会"部分。粒子当前位置与群体最优位置之间的距离,表示粒子间的信息共享与相互合作,即粒子的运动来源于群体中其他粒子经验的部分。

在这三部分的共同作用下,粒子根据历史经验并利用信息共享机制,不断调整自己的位置,以期望找到问题的最优解。

粒子群优化算法在二维空间内的搜索移动情况如图 3-1 所示。

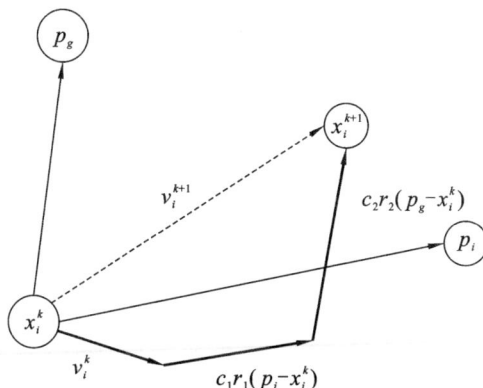

图 3-1　二维空间内的粒子搜索示意图

PSO算法的计算流程如图3-2所示。

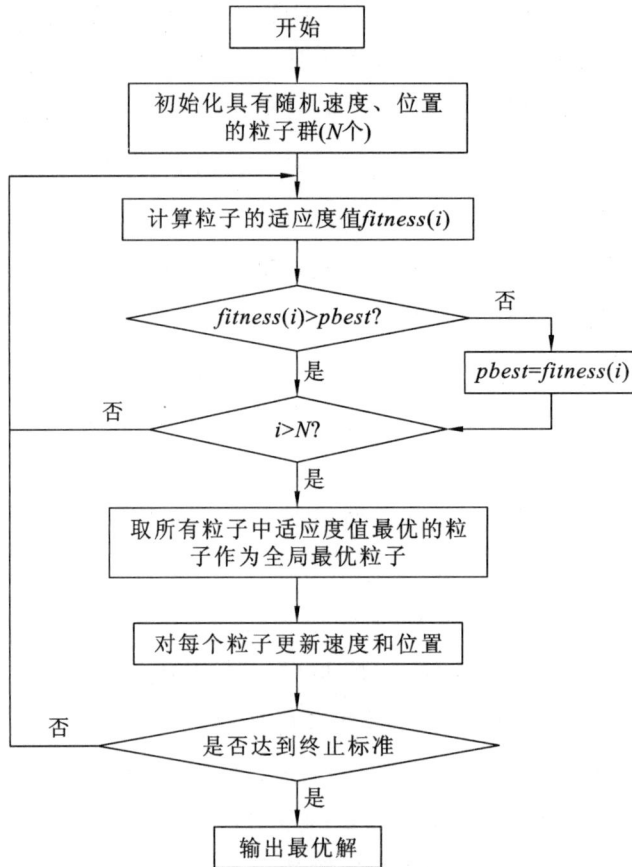

图 3-2　基本 PSO 算法计算流程图

基本 PSO 算法的终止标准通常为达到最大迭代次数 $K_{\max}$，或适应值 f_{itness} 小于给定精度 ε。

3.2.2　标准粒子群算法

由于基本的 PSO 算法存在易早熟、易陷入局部最优的问题，为了改善基本 PSO 算法的收敛性能和全局最优的搜索能力，Shi 和 Eberhart 等人在 1998 年引入了惯性权重的概念[103,104]，将速度更新公式修改为：

$$v_{id}^{k+1} = wv_{id}^k + c_1 r_1 (p_{id} - x_{id}^k) + c_2 r_2 (p_{gd} - x_{id}^k) \qquad (3\text{-}4)$$

其中，w 称为惯性权重，其大小决定了粒子对当前速度的继承程度。当 $w=1$ 时，式(3-4)与式(3-5)相同，这表明带惯性权重的 PSO 算法是基本的 PSO 算法的扩展。

探测(exploration)是指粒子在较大程度上离开原先的寻优轨程,偏到新的方向进行搜索;开发(exploitation)则是指粒子在较大程度上继续原先的寻优轨程进行细部搜索,w 的大小可以用来控制算法的开发和探测能力。较大的惯性权重将使粒子具有较大的速度,从而具有较强的探索能力;较小的惯性权重将使粒子具有较大的开发能力,因此选择适合的惯性权重可以使粒子具有均衡的探测和开发能力。

采用较多的动态惯性权重是 Shi 提出的线性递减权值(Linearly Decreasing Weight,LDW)策略,即:

$$w^k = \frac{(w_{ini} - w_{end})(K_{max} - k)}{K_{max}} + w_{end} \tag{3-5}$$

式中,K_{max} 是 PSO 算法设定的最大迭代次数;w_{ini} 是初始惯性权重;w_{end} 是最大迭代终止时的惯性权重;k 是当前迭代次数。

目前,对于 PSO 算法的研究大多以带有惯性权重的 PSO 为对象进行分析、扩展和修正,因此大多数文献中将带有惯性权重的 PSO 算法称为标准 PSO 算法。

另一个版本的 PSO 算法是由 Clerc 等人在 1999 年提出的带收缩因子(constriction factor)的 PSO 算法[105,106]。该改进 PSO 算法提出了一种保证 PSO 算法收敛性的粒子群参数 w、c_1 和 c_2 的选择方法,通过正确地选择这些 PSO 控制参数,不再需要将粒子的速度限制在设定的 $[-V_{max}, V_{max}]$ 范围内。

带收缩因子 PSO 算法的粒子速度更新公式为:

$$v_{id}^{k+1} = \lambda [v_{id}^k + c_1 r_1 (p_{id} - x_{id}^k) + c_2 r_2 (p_{gd} - x_{id}^k)] \tag{3-6}$$

其中,λ 是"收缩因子",取值为:

$$\lambda = \frac{2}{|2 - \varphi - \sqrt{\varphi^2 - 4\varphi}|} \quad \varphi = c_1 + c_2, \varphi > 4 \tag{3-7}$$

在使用收缩因子时,通常取 $\varphi = 4.1$,从而使收缩因子为 0.729。从数学上分析,惯性权重和收缩因子这两个参数是等价的。

3.2.3 粒子群优化算法的改进研究

PSO 算法在应用中还存在以下问题:

① 参数的选择缺乏统一的公式,针对不同的问题选择具有随意性。

② 缺乏速度的动态调整。

③ 早熟,容易陷入局部最优。

其中最主要的问题就是易早熟、易陷入局部极值点问题,这些缺点也几乎是所有启发式随机算法的弊病。因此,很多学者对 PSO 算法做了进一步的改进研究。

迄今为止,对 PSO 算法的研究和改进主要归纳为如下几方面[107]:

① 位置和速度更新公式　Trelea[108]对惯性权重、学习因子、种群个数等参数对 PSO 算法搜索性、收敛性的影响作了详细探讨,给出了各参数取值的指导方案,并通过测试函数的仿真实验加以验证;Shi 和 Eberhart[109]利用模糊规则来确定惯性权重,但由于需要对各种搜索情况建立模糊规则,增加算法的复杂度,并且在搜索过程中需要不断地查找模糊规则库,因而降低了算法效率;Ratnaweera[110]等人通过引入时变加速因子和时变惯性权因子,能够有效地增强算法的局部搜索能力,同时引入自组织递阶概念,粒子仅通过认知和社会部分来更新,有效地提高了算法的收敛速度;王俊伟[111]提出了一种带梯度加速的 PSO 算法,在速度更新中以一定概率加入梯度信息,使粒子的移动更有针对性和效率,在寻优过程中,当最优信息出现停滞时,对部分粒子进行重新初始化,从而保持群体的活性。刘宇等人[112]针对全局版粒子群的早熟和局部版粒子群的最优位置信息利用率低的问题,提出了一种简约粒子群算法。该算法使用速度松弛迭代策略,使粒子速度不必频繁更新,当粒子速度有利于适应度进一步提高时,就在下一个迭代周期内维持该速度,这有利于提高良好速度信息的利用率,减少算法的计算量,加快运算的收敛速度。同时利用精英集团策略,使多个最优位置信息在种群内充分共享,有效地控制了种群多样性,避免了早熟现象。

② 多种群　文献[113]针对标准 PSO 算法局部收敛与收敛速度问题,提出了一种多量子粒子群协同优化方法。该算法采用双层的多粒子群协同优化结构:用多个量子粒子群在底层独立地搜索解空间,同时引入参数变异策略,以扩大搜索范围;上层用 1 个量子粒子群追逐当前全局最优解,并将飞离搜索区域粒子的位置用新位置取代,以加快算法收敛。文献[114]在 PSO 算法中引入了子种群的概念;文献[115]提出合作 PSO 算法,通过使用多个种群来分别优化决策向量的不同片段。多种群法的缺点是:在初期的搜索效率低于标准 PSO 算法,且多个子种群的引入加大了算法的计算量。

③ 赋予微粒更多智能　林川[116]提出了一种新的自适应粒子群优化算法,为不同的粒子分配不同的任务,对性能较好的粒子使用较大的惯性权,对性能较差的粒子使用较小的惯性权,加速系数根据惯性权自适应调整。将标准 PSO 算法中的

全局最优位置与个体最优位置分别替换为相关个体最优位置的加权平均,更好地平衡了算法的全局与局部搜索能力,增加了算法的多样性并提高了搜索效率。Lovbjerg 和 Krink[117]将自组织临界控制(Self-Organized Criticality,SOC)引入 PSO 算法来增加种群的多样性;Xie 等人[118]将负熵(Negative Entropy)概念引入标准 PSO 算法,通过将混沌因素加入粒子更新过程建立了开放消耗系统。赋予微粒更多智能的做法,在一些简单测试函数中表明了其有效性,与此同时,算法的复杂度也大大提高。

④ 种群拓扑结构　Kennedy[119]研究了种群拓扑结构对于粒子搜索性能的影响,强调了微粒群拓扑的重要性以及微粒在种群中的组织形式和寻找到全局最优点的倾向之间的关系。

⑤ 混合方法　Angeline[120]提出了一种采用进化计算中的选择操作的混合 PSO(HPSO)模型,将每次迭代产生的新粒子根据适应度函数进行选择,用适应度较高的一半粒子的位置和速度矢量取代适应度较低的一半粒子的相应矢量,而保持后者个体极值不变,在提高收敛速度的同时保证了一定的全局搜索能力。文献[100,101]将量子行为引入 PSO 算法,利用量子的不确定性(测不准原理)代替经典牛顿力学来确定微粒的行为。另外还有基于模拟退火的 PSO 算法[121],基于群体适应度方差自适应变异的 PSO 算法[122]等多种混合 PSO 算法。

3.3　量子粒子群优化算法

3.3.1　QPSO 算法简述

标准 PSO 算法并不能保证以概率 1 收敛到全局最优解,主要是因为粒子的收敛是以轨道的形式实现的,因此在搜索过程中粒子只能在一个有限的区域内进行搜索,而不能覆盖整个可行空间。正是由于标准粒子群算法存在这个缺点,很多改进算法相继被提出。

2004 年,孙俊等人[100,101]引入量子力学理论,提出了一种新的 PSO 算法模型。这种模型认为粒子具有量子的行为,在量子空间中满足聚集态的性质,可以在整个可行解空间中进行搜索,因而基于量子 PSO 算法的全局搜索性能远远优于标准 PSO 算法。

在量子空间中,粒子的速度和位置是不能同时确定的,而是通过波函数

$\psi(x,t)$（其物理意义为：波函数的平方是粒子在空间某一点出现的概率密度）来描述粒子的状态。粒子在空间某一点出现的概率密度函数可以通过求解薛定谔方程得到，而粒子的位置方程可以通过蒙特卡罗随机模拟的方式得到：

$$X(t) = P \pm \frac{L}{2}\ln(1/u) \tag{3-8}$$

式中，u 为 $[0,1]$ 范围内服从均匀分布的随机数；L 的值由式（3-9）、式（3-10）确定。

$$L(t+1) = 2\beta|mbest - X(t)| \tag{3-9}$$

$$mbest = \frac{1}{M}\sum_{i=1}^{M}P_i = \left(\frac{1}{M}\sum_{i=1}^{M}P_{i1}, \frac{1}{M}\sum_{i=1}^{M}P_{i2}, \cdots, \frac{1}{M}\sum_{i=1}^{M}P_{iD}\right) \tag{3-10}$$

$$P_{id} = \varphi \cdot P_{id} + (1-\varphi)P_{gd} \tag{3-11}$$

式中，β 为收缩扩张系数；$mbest$ 为种群中所有粒子的平均最好位置点；M 为种群中粒子的数目；D 为种群中粒子的维数；φ 为在 $[0,1]$ 范围内服从均匀分布的随机数；P_i 为第 i 个粒子的最佳位置点；P_g 为种群中所有粒子的最佳位置点。

最后得到粒子的位置方程为：

$$X(t+1) = P \pm \beta|mbest - X(t)|\ln(1/u) \tag{3-12}$$

在 QPSO 算法中，粒子的状态只需用位置向量来描述，并且算法中只有一个控制参数即收缩扩张系数 β，对这个参数的选择和控制是非常重要的，它关系到整个算法的收敛速度。

QPSO 算法的一般流程如下：

初始化种群中每个粒子的位置向量；

计算粒子适应度，并得到 $pbest$ 和 $gbest$（的值）；

do

　　计算 $mbest$（的值）；

　　for $i=1$ to 种群规模 M

　　　　for $d=1$ to 维数 D

　　　　　　$\varphi_1 = rand(0,1)$；$\varphi_2 = rand(0,1)$

　　　　　　$p = (\varphi_1 \cdot P_{id} + \varphi_2 \cdot P_{gd})/(\varphi_1 + \varphi_2)$

　　　　　　$u = rand(0,1)$

　　　　　　if $rand(0,1) > 0.5$ then

　　　　　　　　$x_{id} = p - \beta \cdot abs(mbest_d - x_{id}) \cdot \ln(1/u)$

　　　　　　else

$$x_{id} = p + \beta \cdot abs(mbest_d - x_{id}) \cdot \ln(1/u)$$

  end if

  end for

  if $f(X_i) < f(P_i)$ then $P_i = X_i$

  if $f(P_i) < f(P_{gd})$ then $P_{gd} = P_i$

 end for

直到满足迭代终止条件。

  QPSO 算法提出后,为进一步增强其全局搜索能力和提高收敛速度,许多研究者相继提出了各种改进的 QPSO 算法。文献[123]将边界变异操作引入量子粒子群优化算法中,提出基于边界变异的量子粒子群优化算法 QPSOB。该算法将越界粒子随机分布在边界附近的可行域内,以增加种群的多样性、提高算法的全局搜索能力。仿真实验证明其全局收敛性能优于一般的量子粒子群优化算法。文献[124]采用基于群体适应值方差的早熟判断机制,同时提出了一种基于混沌搜索的新方法,提高了搜索效率。数值实验结果表明,混沌量子粒子群算法效率高、优化性能好,且具有很强的避免陷入局部最优的能力。文献[125]引入变异机制,用 Cauchy 分布分别对全局最优和所有个体极值的平均值进行变异,在全局优化和快速收敛能力上有较大的提高。文献[126]提出了含维变异算子的量子粒子群算法,通过计算每一维的收敛度,以一定的概率对收敛度最小的维进行变异,让所有粒子在该维上的位置重新均匀分布在可行区域上。对测试函数所做的对比实验表明,该算法增强了全局搜索能力。

3.3.2　QPSO 算法的控制参数选择

  参数控制是优化算法机理研究的重要内容,对于不同的问题,使 QPSO 优化效果最好的控制参数应该是不同的,找到这个固定值需要大量的实验,是非常耗时的。下面,我们将通过实验探寻 QPSO 算法中控制参数选取的指导原则。

  收缩扩张系数 β 作为 QPSO 算法中唯一的参数,其选择主要分为两类:固定系数和时变系数。固定系数的选择就是选择一常数作为收缩扩张值,在优化过程中不变。而时变系数则是选定某一个变化范围,在迭代过程中按照某一个递减率线性减小。

  下面将首先从时变系数的选择对于优化效果的影响进行分析,并从问题依赖性、种群的大小等影响因素入手,对时变系数的选择进行详细的实验与分析。不失一般性,本书使用 5 个常用的测试函数[127,128]作为实例。函数的名称、表达式、维数、初始化范围和设定的目标达优值都列于表 3-1,其中 $x=[x_1,x_2,\cdots,x_n]$ 为 n 维实数向量。

表 3-1　常用测试函数性能列表

函数名	表达式	维数 n	初值范围	目标值
Schaffer's f6	$f(x)=0.5+\dfrac{\left(\sin\sqrt{x_1^2+x_2^2}\right)^2-0.5}{[1+0.001(x_1^2+x_2^2)]^2}$	2	$[-100,100]$	10^{-5}
Sphere	$f(x)=\displaystyle\sum_{i=1}^{n}x_i^2$	30	$[-100,100]$	0.01
Rosenbrock	$f(x)=\displaystyle\sum_{i=1}^{n-1}\left[100\,(x_{i+1}-x_i^2)^2+(x_i-1)^2\right]$	30	$[-30,30]$	100
Rastrigin	$f(x)=\displaystyle\sum_{i=1}^{n}\left[x_i^2-10\cos(2\pi x_i)+10\right]$	30	$[-5.12,5.12]$	100
Griewank	$f(x)=\dfrac{1}{4000}\displaystyle\sum_{i=1}^{n}x_i^2-\prod_{i=1}^{n}\cos\left(\dfrac{x_i}{\sqrt{i}}\right)+1$	30	$[-600,600]$	0.1

实验一:固定系数与时变系数取值对比实验,探讨系数取值对优化效果的影响。

参数设计:参数 1~3 取固定系数分别为 0.2、0.5、0.8;参数 4 取时变系数,变化范围为 1.0~0.5,递减率为(1.0-0.5)/1000;参数 5 取时变系数,变化范围为 0.7~0.9,递增率为(0.9-0.7)/1000。其他参数设计:种群大小 30,每次运行的最大迭代次数为 1000,对每个函数优化的次数为 20 次。实验结果如表 3-2 所示。

表 3-2 的结果表明,针对不同类型的函数,时变系数比固定系数具有较好的效果。固定系数取值过小(如 0.2),不同类型的函数基本都不能达优;时变系数在 0.7~0.9 的范围内变化时,Sphere、Rosenbrock、Rastrigin和 Griewank 函数均能达优,收敛速度也优于固定系数为 0.8 时的收敛速度。

表 3-2　固定系数与时变系数下 QPSO 算法的表现

参数 β	指标	Schaffer's f6	Sphere	Rosenbrock	Rastrigin	Griewank
0.2	达优率	0.2	0	0	0	0
	平均迭代次数	341.5	1000	1000	1000	1000

续表 3-2

参数 β	指标	Schaffer's f6	Sphere	Rosenbrock	Rastrigrin	Griewank
0.5	达优率	0.25	0	0	0.9	0
	平均迭代次数	390.6	1000	1000	44.1111	1000
0.8	达优率	0.6	0.25	0.95	1	1
	平均迭代次数	320.6667	277.5	365.1579	479.65	284.25
1.0～0.5	达优率	0.6	1	0.95	1	1
	平均迭代次数	381.1667	469.55	473.7368	627.95	470.75
0.7～0.9	达优率	0.7	1	1	1	0.9
	平均迭代次数	343.7857	216.1	318.65	149.35	197.8889

实验二：时变系数取值范围实验，探讨时变系数取值变化范围对优化效果的影响。

使用 Schaffer's f6 函数来观察时变系数的变化范围对优化效果的影响。参数设计为种群大小 40，每次运行的最大迭代次数为 4000，对每组参数运行的次数为 100 次。时变系数的递减率均设定为：变化范围/1000，实验结果如表 3-3 所示。

表 3-3　不同变化范围的时变系数的优化效果（Schaffer's f6）

参数变化范围	0.4～0.2	0.5～0.2	0.7～0.2	0.7～0.5	0.9～0.2	0.9～0.5	0.9～0.7
达优率	0.36	0.47	0.58	0.63	0.84	0.89	0.9
平均迭代次数	440.5	346.5106	384.6379	392.3175	361.6786	491.573	643.3333

从结果可以看出，较大的时变系数对于函数 Schaffer's f6 有较好的优化效果，特别是在 0.9～0.7 这一变化范围内，达优率达到 0.9。从表 3-3 还可以看出，达优率和收敛速度互为矛盾。较高的达优率往往对应着较慢的收敛速度，而较低的达优率则往往对应着较快的收敛速度。

实验三：时变系数变化率实验，探讨系数变化率对优化效果的影响。

时变系数递减率的选择应考虑到收敛速度的问题，最好使递减率与平均迭代次数相匹配。这里选择在实验二中找到的优化效果较好的两个参数变化范围：0.9～0.2 和 0.9～0.7。仍然选用 Schaffer's f6 作为测试函数，其他参数同前。

表 3-4　不同变化率的时变系数的优化效果(Schaffer's f6)

参数变化	递减率	达优率	平均迭代次数	参数变化	递减率	达优率	平均迭代次数
(0.9−0.2)/100	0.007	0.42	107.36	(0.9−0.7)/100	0.002	0.69	237.00
(0.9−0.2)/200	0.0035	0.68	175.93	(0.9−0.7)/200	0.001	0.78	361.04
(0.9−0.2)/300	0.0023	0.77	233.48	(0.9−0.7)/300	0.0007	0.88	386.77
(0.9−0.2)/500	0.0014	0.74	329.92	(0.9−0.7)/500	0.0004	0.81	479.02
(0.9−0.2)/1000	0.0007	0.86	387.12	(0.9−0.7)/1000	0.0002	0.90	684.28
(0.9−0.2)/1500	0.00047	0.84	457.93	(0.9−0.7)/1500	0.00013	0.93	668.02
(0.9−0.2)/2000	0.00035	0.85	460.86	(0.9−0.7)/2000	0.00010	0.92	563.91
(0.9−0.2)/4000	0.000175	0.88	732.34	(0.9−0.7)/4000	0.00005	0.94	740.26

从表 3-4 所示的实验结果可以看出，在同一变化范围内，当递减率过大，如 (0.9−0.2)/100，往往难以得到优化效果(达优率仅为0.42)。随着递减率减小，达优率增大，同时收敛速度下降，再次验证了达优率和收敛速度的矛盾关系。递减率减缓到一定数值后，达优率的变化不大，但收敛速度却下降了较多。如时变系数变化率选择(0.9−0.7)/300 和(0.9−0.7)/4000，达优率仅提高了 0.06，但迭代次数则增加了几乎一倍。

综合考虑，针对 Schaffer's f6 函数，时变系数变化率选择(0.9−0.7)/300，使达优率和收敛速度得到一个平衡点。

实验四：时变系数取值对问题依赖性的实验，探讨对于不同的求解问题，时变系数对优化效果的影响。

从实验三的结果可知，使用时变系数变化率(0.9−0.7)/300 可以使 Schaffer's f6 取得较好的优化效果，但对于其他函数是否同样如此呢？这里使用其他 4 个函数(均为 30 维)进行实验和分析，参数与前面实验相同。

表 3-5 不同时变系数下的 Sphere、Rosenbrock、Rastrigrin、Griewank 函数的优化效果

参数变化	Sphere		参数变化	Rosenbrock	
	达优率	平均迭代次数		达优率	平均迭代次数
(0.7－0.2)/1000	1	1992.80	(0.7－0.2)/1000	0.77	2744.80
(0.7－0.5)/1000	1	219.42	(0.7－0.5)/1000	0.75	416.97
(0.9－0.2)/500	1	620.47	(0.9－0.2)/1000	0.94	411.16
(0.9－0.2)/1000	1	262.93	(0.9－0.5)/1000	0.98	372.05
(0.9－0.5)/1000	1	317.9	(0.9－0.5)/1500	0.99	406.26
(0.9－0.7)/300	1	266.45	(0.9－0.7)/300	0.94	450.35
(0.9－0.7)/1000	1	394.76	(0.9－0.7)/1000	1	433.85
参数变化	Rastrigrin		参数变化	Griewank	
	达优率	平均迭代次数		达优率	平均迭代次数
(0.5－0.2)/1000	0.98	38.7449	(0.7－0.2)/1000	0.93	1649.6
(0.7－0.2)/100	1	60.77	(0.7－0.5)/1000	0.91	172.998
(0.7－0.2)/1000	1	87.37	(0.9－0.2)/500	0.99	242.4343
(0.7－0.5)/1000	1	99.95	(0.9－0.2)/1000	1	253.28
(0.9－0.2)/1000	1	298.79	(0.9－0.7)/200	1	225.1
(0.9－0.7)/300	1	317.97	(0.9－0.7)/300	1	259.4
(0.9－0.7)/1000	1	716.15	(0.9－0.7)/1000	1	431.45

实验结果表明,4 个函数的最佳优化参数并不是(0.9－0.7)/300,如 Sphere 函数的最优参数为(0.7－0.5)/1000,Rosenbrock 函数的最优参数为(0.9－0.5)/1000,Rastrigrin 函数的最优参数为(0.5－0.2)/1000,Griewank 函数的最优参数为(0.9－0.2)/1000。但从上表结果我们也可看出,所有函数在(0.7－0.5)/1000 的时变系数设置下优化效果也是可以接受的。这说明收缩扩张系数的选择具有一定的问题依赖性,但不是很强。

实验五:种群大小对时变系数取值影响实验,探讨不同种群大小下时变系数取值对优化效果的影响。

增大粒子种群将增强算法搜索的并行性,从而提高达优率,但种群的增大并不意味着收缩扩张系数的调节不再重要。表 3-6 是在(0.9－0.7)/1000 的时变系数下,种群 20、40 和 60 的不同优化表现,其他参数设置同前。

表 3-6　时变系数为(0.9－0.7)/1000 时不同种群大小的优化效果

指标	种群大小	Schaffer's f6	Sphere	Rosenbrock	Rastrigrin	Griewank
达优率	20	0.62	1	0.94	1	1
	40	0.9	1	1	1	1
	60	0.93	1	1	1	1
平均迭代次数	20	631.2581	469.76	573.7766	777.75	476.44
	40	643.3333	394.76	433.85	716.15	431.45
	60	438.4839	355.75	370.49	634.58	403.37

通过对比可以明显看出,Schaffer's f6 和 Rosenbrock 的达优率显著改善,其他函数的达优率在小种群下就已经为 1,收敛速度的改善并不明显。这说明种群增大后仍需对收缩扩张系数进行调节。

设置种群大小为 60,每次运行的最大迭代次数为 4000,对每组参数运行的次数为 100 次,经过大量的实验和筛选,发现时变系数设置为(0.7－0.6)/1000 时可使所有函数取得较好的优化效果,如表 3-7 所示。

表 3-7　时变系数为(0.7－0.6)/1000 时大种群(60)的优化效果

指标	Schaffer's f6	Sphere	Rosenbrock	Rastrigrin	Griewank
达优率	0.85	1	1	1	1
平均迭代次数	344.9059	148.63	223.83	88.3	133.96

将表 3-7 与表 3-6 的结果对比可发现,四个函数的收敛速度得到了明显的提高。同时与小种群得到最后效果时的时变系数(0.9－0.7)/300 相比,这个变化范围的取值相对减小。这是因为种群增大后,每个粒子可以更专注于自己身边小范围内的搜索。

在 QPSO 算法中,适当地选择收缩扩张系数可大大提升优化效果。上述大量的实验结果表明,时变系数有较少的问题依赖性,大多数问题都可以在相同的时变系数设置下取得比较不错的优化效果。随着种群的增大,参数取值应适当减小。

3.3.3　QPSO 算法的改进

在 QPSO 算法中,$mbest$ 和 P 引起粒子迅速向发现较优位置的粒子靠拢。由式(3-10)可以看出,P 是介于各粒子自身历史最优位置与群体最优位置之间的一个随机值,而 $mbest$ 则是粒子群中各粒子自身历史最优位置在各维度上的平均值。由此可见,粒子群的收敛速度是由各粒子自身历史最优位置的取值方法决定的。但在迭代过程中,P_i 记录的是第 i 个粒子的历史最优位置,并没有参考其他粒子的位置信息,仅通过比较自身粒子的适应度函数来确定,因此基本的量子粒子群算法具有一定的缺陷。

为提高收敛速度,本节提出一种改进的量子粒子群算法,其基本思路是:每次迭代过程中都对各粒子按适应度进行排序,让排名第 i 的粒子 x_i 根据 P_i 进行迭代,而 $mbest$ 仍然取 P_i 在各维度上的均值,这样就打破单个粒子的限制,以公共历史最优替代粒子自身历史最优。同时借鉴遗传算法的优势进化思想,在每次迭代过程中,取排名前 N 个粒子的信息,在前次最优位置处随机产生 $M-N$ 个粒子来重新构成种群,即让现今最优的粒子向历史最优位置的方向进行搜索,算法收敛的速度将更快。算法描述如下:

步骤 1:初始化种群中 M 个粒子的位置向量,并计算各个粒子的适应度。设定粒子群各参数值,如种群规模、维度、取值范围、最大迭代次数、收缩扩张系数等。

步骤 2:对粒子群按适应度进行排序,给 P_i 及 P_g 赋初值。

步骤 3:根据式(3-10)计算 $mbest$。

步骤 4:根据式(3-11)更新粒子位置。

步骤 5:对进化后的粒子按照适应度进行排序,取前 N 个进入下一代。

步骤 6:对上一代最优位置进行变异,产生 $M-N$ 个粒子进入下一代。

步骤 7:按适应度对下一代的 M 个粒子进行排序,并更新 P_i 及 P_g 取值。

步骤 8:判断是否达到停止条件(达到最大迭代次数或适应值 f_{itness} 小于给定精度 ε),如果未达到,返回步骤 4,否则结束。

为了比较改进的 QPSO 算法和标准 QPSO 算法的性能,对表 3-1 列出的 4 个测试函数 Sphere、Rosenbrock、Rastrigin 和 Griewank 进行数值仿真。参数设置为:种群大小 $M=30$,变异进化粒子数 $N=4\times M/5$,每次运行的最大迭代次数为 1000,对每个函数优化的次数为 20 次,收缩扩张系数取(0.9—0.7)/1000。实验结果如表 3-8 所示,PHQPSO 算法对收敛速度的改进很显著。

表 3-8　QPSO 算法和 PHQPSO 算法的数值仿真实验结果

算法	指标	Sphere	Rosenbrock	Rastrigrin	Griewank
QPSO	达优率	1	1	0.9	1
	平均迭代次数	423.30	446.45	765.89	468.60
PHQPSO	达优率	1	1	1	1
	平均迭代次数	102.85	61	252.65	93.30

3.4　基于量子粒子群算法的位移模型优化及仿真分析

利用 QPSO 改进算法对 2.4.3 节中的铺排船锚泊移位系统反馈神经网络模型进行优化训练,即利用 QPSO 改进算法对网络权值和阈值进行优化训练,使其网络输出误差最小。

如前所述,该神经网络模型为一个 5—12—1 的三层 Elman 神经网络,共有 $(5+12+1)\times12$ 个权值和 13 个阈值,故选取寻优参数 $\theta=[IW^1,LW^1,LW^2,B^1,B^2]$,包含 229 个元素。设 $i=1,2,3,4,5,j=1,2,\cdots,12$,则寻优参数定义为:

IW^1 表示 5×12 个权值元素,iw_{ij}^1 表示第 i 个输入神经元到第 j 个隐含层神经元的权值;

LW^1 表示 12×12 个权值元素,lw_{jc}^1 表示第 c 个隐含层神经元反馈至第 j 个隐含层神经元的权值,$c=1,2,\cdots,12$;

$LW^2=[lw_1^2,lw_2^2,\cdots,lw_{12}^2]$ 表示 12 个权值元素,lw_j^2 表示第 j 个隐含层神经元到输出神经元的权值;

$B^1=[b_1^1,b_2^1,\cdots,b_{12}^1]$ 表示 12 个权值元素,b_j^1 表示第 j 个隐含层神经元的阈值;

$B^2=b^2$ 表示 1 个阈值元素,b^2 表示输出神经元的阈值。

适应度函数 $f(\cdot)$ 取模型网络输出误差的均方差,即:

$$f(x_i)=\frac{1}{S}\sum_{k=1}^{S}\{[y^k-y_m^k(x_i)]^2\} \tag{3-13}$$

式中,y^k 为输出样本值;y_m^k 为模型网络输出值;S 为样本对数量。寻优目标为适应度函数的最小值。采用 2.4 节同样的训练样本和检验样本测试,采用 PHQPSO 算法进行神经网络模型优化。

初始 PHQPSO 算法参数设置:种群规模 $M=50$,收缩扩张系数 $\beta=(0.9-0.7)/1000$ 线性减小,寻优空间维数 $D=229$,最大迭代次数为 200 次。变异进化粒子数 $N=4\times M/5=40$。经 PHQPSO 算法优化后的系统模型输出结果如图 3-3 所示,实线表示样本数据,虚线表示网络输出。

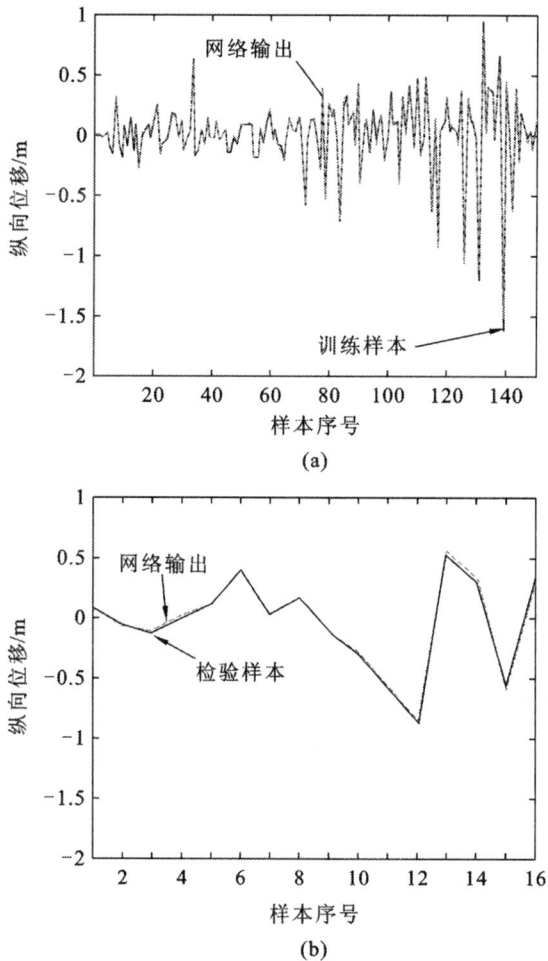

图 3-3 基于改进的 QPSO 算法训练优化的位移模型输出结果
(a)模型网络输出与训练样本;(b)模型网络输出与检验样本

经 QPSO 改进算法训练优化后的神经网络参数如下:
隐含层神经元

$$
\text{权值矩阵 } iw^1 = \begin{bmatrix} -0.0695 & -0.1905 & -0.0356 & 0.0536 & -0.5196 \\ -0.1157 & 0.0318 & -0.1080 & -0.0444 & 0.0206 \\ 0.0001 & -0.0001 & -0.0005 & -0.0008 & -0.4356 \\ -0.0019 & -0.0034 & -0.0001 & 0.0007 & -0.3788 \\ -0.0001 & 0.0044 & -0.0244 & -0.0354 & -1.2925 \\ 0.0027 & 0.0025 & 0.0049 & 0.0063 & 0.6370 \\ -0.0004 & 0.0000 & -0.0009 & -0.0017 & 0.0055 \\ -0.0002 & 0.0072 & 0.0167 & 0.0136 & 0.2747 \\ -0.0013 & -0.0005 & 0.0081 & 0.0098 & -0.7156 \\ -0.0001 & -0.0000 & 0.0001 & 0.0001 & -0.6268 \\ -0.0001 & -0.0001 & -0.0001 & -0.0002 & 0.3390 \\ 0.0027 & 0.0025 & -0.0037 & -0.0026 & -0.3638 \end{bmatrix}
$$

阈值矩阵 $b^1 = [-2.4887, 0.9663, 2.7787, -5.1919, 1.3988, 2.8836,$
$-0.7315, 1.5721, -6.1430, -1.1350, 0.6997, -0.4923]$

输出层神经元

权值矩阵 $iw^2 = [0.0005, 0.0102, -0.4822, 0.0071, 0.0152, 0.0433,$
$0.1189, -0.0052, -0.0078, -1.0037, 0.5855, 0.0039]$

阈值矩阵 $b^2 = [-0.2371]$

采用前馈、反馈及优化的反馈神经网络建立的工程船舶锚泊移位系统神经网络模型，实际网络输出与输出样本的 MSE 误差值如表 3-9 所示。

表 3-9　优化前后神经网络模型网络输出误差表

神经网络模型	神经网络模型网络输出误差（MSE）		
	BP 前馈神经网络	Elman 反馈神经网络	优化的 Elman 反馈神经网络
训练样本（150 对）	0.0150	0.0026	5.8511e-004
检验样本（16 对）	2619.2	0.0034	2.6182e-004
总样本（166 对）	252.4666	0.0027	5.5395e-004

从以上优化仿真结果可以看出，经量子粒子群优化的反馈型工程船舶位移模型，无论是非线性拟合精度还是网络泛化能力都有较大程度改善，因而选用经 QPSO 改进算法训练优化的神经网络模型作为工程船舶控制系统设计的对象模型。

3.5 本章小结

本章主要讨论了基于粒子群优化算法的工程船舶位移模型参数优化问题。

首先简述了粒子群优化算法的基本模型,总结了该优化算法改进研究的现状。详细分析了近年来较热门的 QPSO 算法的思想和标准算法实现流程。针对 QPSO 算法的控制参数选择一直没有统一的公式或标准这一问题,本书设计了五个测试实验,从多个角度探讨了参数选择对寻优结果的影响。实验结果及分析可作为 QPSO 算法中控制参数选取的指导原则。

基于变异的思想,本书提出了一种 QPSO 的改进算法。通过仿真实验,验证该改进算法对算法收敛速度有显著的提高。

最后利用粒子群优化算法对第 2 章中反馈型铺排船位移模型的网络参数进行了训练学习。仿真实验结果表明,粒子群算法应用于神经网络系统辨识是可行和有效的。优化后的位移模型将作为控制系统设计的对象模型。

4 基于模糊逻辑的工程船舶航迹保持控制系统设计与优化

4.1 引　言

在工程船舶施工过程中,要求沿预定的航迹移船,即在锚泊移船过程中保持航迹,若航迹偏差超出工程要求的精度范围,则会给施工工程造成严重的后果。关于自航船舶航迹保持控制器的设计,最早采用的是 PID 控制算法,随着智能控制技术的快速发展,已经有很多船舶智能航迹保持控制器方面的模型。对于非自航锚泊船而言,完全依靠多人同时手动控制多台绞车收放缆来实现移船,航迹保持根本无从谈起。因此,设计工程船舶航迹保持控制器,由此构成移船自动控制系统,提高施工精度和速度是提升工程船舶自动化水平、保证工程施工质量的重要举措。

1965 年,美国加利福尼亚大学扎德(Zadeh L. A.)教授提出了用模糊集合(Fuzzy Sets)描述事物的方法。1974 年,英国的马丹尼(Mamdani E. H.)首次把模糊集合理论用于锅炉和蒸汽机的控制,取得了很好的效果,开创了模糊控制理论与实际应用结合的先例。模糊控制逐步发展成颇具吸引力又富有成果的研究领域。从应用角度看,模糊控制主要是为了克服由于过程本身的不确定性、不精确性及噪声带来的困难,因而在处理复杂系统的大时滞、时变及非线性方面,显示出它的优越性。

本章仍以软体铺排船为实例来研究航迹保持控制系统的设计。由于工程船舶运动的复杂性,为保证航迹偏差在工程精度范围内,同时系统获得较好的输出动态性能,基于模糊控制逻辑设计了工程船舶航迹保持闭环控制系统。在常规模糊控制器的基础上,又提出一种优化设计方法,即利用粒子群优化算法对其隶属函数及模糊推理规则进行优化设计。本章最后基于仿真实验结果分析了模糊控制器的优化设计效果。

4.2 模糊逻辑控制的理论基础

所谓模糊控制,就是在控制方法上应用模糊集合论、模糊语言变量及模糊逻辑推理的知识来模拟人的模糊思维方法,以便能对某些无法用精确数学模型描述的对象或过程进行成功的控制。模糊控制是建立在模糊数学原理的基础之上的,本节简要介绍模糊数学原理的最基本概念。

4.2.1 模糊集合与模糊关系

经典集合描述的任何一个元素要么属于该集合,要么不属于,非此即彼,界限分明。而在现实世界中,很多概念是无法用绝对的属于和不属于去描述的。Zadeh 教授于 1965 年提出了模糊集合的概念,打破了经典集合绝对的隶属关系,为模糊理论奠定了基础。

模糊集合定义:所谓给定论域 X 上的一个模糊集合 $\underset{\sim}{A}$ 是指对于任意的 $x\in X$,都确定了一个数 $\mu_{\underset{\sim}{A}}(x)$,$0\leqslant\mu_{\underset{\sim}{A}}(x)\leqslant1$,它表示 x 对 $\underset{\sim}{A}$ 的隶属程度。映射:

$$\left.\begin{array}{l}\mu_{\underset{\sim}{A}}: \quad X\to[0,1]\\ \\ x\to\mu_{\underset{\sim}{A}}(x)\end{array}\right\} \tag{4-1}$$

称为 $\underset{\sim}{A}$ 的隶属函数。

模糊向量定义:若向量 $(a_1,a_2,\cdots,a_n)$ 的分量满足条件 $0\leqslant a_i\leqslant1,i=1,2,\cdots,n$,则称其为一个 n 维模糊向量。

模糊集合运算定义:设 $\underset{\sim}{A},\underset{\sim}{B}$ 均为 X 上的模糊集,定义 $\underset{\sim}{A}\cup\underset{\sim}{B}$、$\underset{\sim}{A}\cap\underset{\sim}{B}$、$\overline{\underset{\sim}{A}}$ 为模糊集合 $\underset{\sim}{A}$ 与 $\underset{\sim}{B}$ 的并集、交集和补集。它们分别具有隶属函数:

$$\left.\begin{array}{l}\mu_{\underset{\sim}{A}\cup\underset{\sim}{B}}(x)=\max[\mu_{\underset{\sim}{A}}(x),\mu_{\underset{\sim}{B}}(x)]\\ \\ \mu_{\underset{\sim}{A}\cap\underset{\sim}{B}}(x)=\min[\mu_{\underset{\sim}{A}}(x),\mu_{\underset{\sim}{B}}(x)]\\ \\ \mu_{\overline{\underset{\sim}{A}}}(x)=1-\mu_{\underset{\sim}{A}}(x)\end{array}\right\} \tag{4-2}$$

模糊关系定义:直积空间 $X\times Y=\{(x,y)\,|\,x\in X,y\in Y\}$ 上的模糊关系是 $X\times Y$ 的一个模糊子集 $\underset{\sim}{R}$,它的隶属函数 $\mu_{\underset{\sim}{R}}(x,y)$ 表示 X 中元素 x 与 Y 中元素 y 具有这种关系的程度。若 $X_1,X_2,\cdots,X_n$ 表示 n 个集合,那么直积空间 $X_1\times X_2\times\cdots\times X_n=\{(x_1,x_2,\cdots,x_n)\,|\,x_i\in X_i,i=1,2,\cdots,n\}$ 上的一个 n 元模糊关系 $\underset{\sim}{R}$ 是指 $X_1\times X_2\times\cdots\times X_n$ 上的一个模糊子集,它由其隶属函数 $\mu_{\underset{\sim}{R}}(x_1,x_2,\cdots,x_n)$ 描

述,用来反映$(x_1,x_2,\cdots,x_n)$具有这种关系的程度。这种模糊关系也可以用矩阵表示,称为模糊关系矩阵或模糊矩阵。

sup-*合成定义:设$\underset{\sim}{R}$、$\underset{\sim}{S}$分别是$U\times V$、$V\times W$上的模糊关系,则定义$U\times W$上的模糊关系$\underset{\sim}{Q}$是$\underset{\sim}{R}$和$\underset{\sim}{S}$的合成$\underset{\sim}{R}*\underset{\sim}{S}$,其对应的隶属函数为:

$$\mu_{\underset{\sim}{Q}}(u,w)=\mu_{\underset{\sim}{R}*\underset{\sim}{S}}(u,w)=sup_{v\in V}[\mu_{\underset{\sim}{R}}(u,v)*\mu_{\underset{\sim}{S}}(v,w)] \tag{4-3}$$

这种合成关系也称为 sup-* 合成,式中$u\in U,v\in V,w\in W$,而*表示"最小"、"积"等运算符。若论域U、V、W为有限集合,则模糊关系的合成也可用模糊矩阵来进行。

模糊蕴涵定义:设$\underset{\sim}{A}$和$\underset{\sim}{B}$分别为定义在U和V上的模糊集合,则由$\underset{\sim}{A}\to\underset{\sim}{B}$所表示的模糊蕴涵是定义在$U\times V$上的一个特殊模糊关系,其隶属函数可定义为:

$$\mu_{\underset{\sim}{A}\to\underset{\sim}{B}}(u,v)=\mu_{\underset{\sim}{A}}(u)*\mu_{\underset{\sim}{B}}(v) \tag{4-4}$$

4.2.2　模糊推理

经典的模糊推理是 Zadeh 教授提出的似然推理,其推理规则为:

大前提:若$\underset{\sim}{A}$,则$\underset{\sim}{C}$;

小前提:若给定$\underset{\sim}{A_1}$;

则有结论$\underset{\sim}{C_1}=\underset{\sim}{A_1}*\underset{\sim}{R_{A\to C}}$。

式中,"$*$"代表合成运算。

似然推理规则是解决所有模糊推理的基础,是模糊集合变换和隶属函数的演算过程,即输入一个模糊子集$\underset{\sim}{A_1}$,经过模糊变换器$\underset{\sim}{R_{A\to C}}$的变换,得到一个新的模糊输出结果$\underset{\sim}{C_1}$。Mamdani 法是在模糊控制中应用最为普遍的模糊推理方法,它是基于似然推理的合成推理法则,只是用$\underset{\sim}{A}$、$\underset{\sim}{C}$的直积$\underset{\sim}{A}\times\underset{\sim}{C}$来表示模糊蕴涵关系$\underset{\sim}{A}\to\underset{\sim}{C}$,即:

$$\underset{\sim}{R}=\underset{\sim}{A}\to\underset{\sim}{C}=\underset{\sim}{A}\times\underset{\sim}{C} \tag{4-5}$$

或

$$\mu_{\underset{\sim}{R}}(x,y)=\mu_{\underset{\sim}{A}}(x)\wedge\mu_{\underset{\sim}{C}}(y) \tag{4-6}$$

因此推理式$\underset{\sim}{C_1}=\underset{\sim}{A_1}*\underset{\sim}{R}$,则有:

$$\underset{\sim}{C_1}=\underset{\sim}{A_1}*(\underset{\sim}{A}\times\underset{\sim}{C}) \tag{4-7}$$

$$\mu_{\underset{\sim}{C_1}}(y)=\underset{x\in U}{V}[\mu_{\underset{\sim}{A_1}}(x)\wedge\mu_{\underset{\sim}{A}}(x)\wedge\mu_{\underset{\sim}{C}}(y)] \tag{4-8}$$

这里以二元模糊关系说明 Mamdani 模糊推理法,多元模糊推理的算法以此类推。

4.2.3 模糊控制系统的组成

模糊控制系统的组成与一般的计算机控制系统相似,唯一不同之处是控制装置由模糊控制器来实现,如图 4-1 所示。

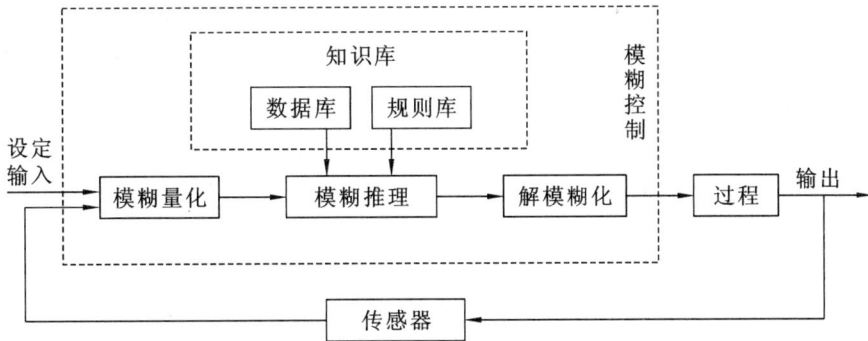

图 4-1　模糊控制系统基本结构

① 模糊量化就是将输入的精确量经量化、尺度变换、模糊集合映射等转化为模糊量,并用相应的模糊集合来表示。目前常用的模糊化方法有单点模糊化以及三角形、钟形、梯形等隶属度函数模糊化方法。

② 知识库包含了具体应用领域中的专业知识和要求的控制目标,一般包括数据库和模糊控制规则库两部分。

数据库主要用于存放与模糊控制规则及模糊处理有关的各种参数,包括尺度变换因子、各语言变量的隶属函数以及模糊空间的分级数等。数据库的作用是在进行模糊推理过程中提供数据支持。

规则库是按人的直觉推理的一种语言表示形式,是基于专家知识或手动操作熟练的人员长期积累的经验,它以"IF-THEN"的语言形式表示,构成模糊控制规则。在模糊控制中,目前主要应用如下形式的模糊控制规则:

R_1:if x is A_1 and y is B_1,then z is C_1;

R_2:if x is A_2 and y is B_2,then z is C_2;

⋮

R_n:if x is A_n and y is B_n,then z is C_n。

对于更一般的情况,模糊控制规则的后件也可以是过程变量的函数,即:

R_i:if x is A_i and y is B_i,then $z=f_i(x,y)$。

规则库是用来存放全部模糊控制规则的,在推理时为"推理机"提供控制规则。由上述可知,规则数量与模糊变量的模糊子集划分有关,划分越细,规则条数越多,但并不代表规则库的准确度越高,规则库的"准确度"还与专家知识的准确度有关。获取模糊控制规则的方法一般有四种:总结熟练的操作人员的控制行为、基于过程的模糊模型、基于专家和控制工程师的经验以及过程学习。

③ 模糊推理是模糊控制系统的核心,以模糊概念为基础,来实现拟人决策过程。模糊推理包括条件聚合、推断和累加三部分。其具体过程如下:首先计算控制律中每条模糊规则的满足程度,然后依据条件满足程度推断单一规则的输出,最后将所有模糊规则的输出进行累加,从而得到总的模糊输出。

④ 解模糊化是将模糊推理得到的模糊集合转化成清晰值,以便执行机构理解输出。常用方法有平均最大值法、加权平均法、最大隶属度法、面积中心法、中位数法、MIN-MAX 重心法等。

4.3　航迹保持模糊控制系统的设计

4.3.1　模糊控制系统构成

软体铺排船在施工过程中要沿预定工作线移船,即理想状态下纵向位移保持为零。在无任何先验知识的情况下,航迹保持器的设计主要依靠人工操作经验。熟练的操作人员能够灵活而有效地完成各种复杂的生产任务,凭借的是他们日积月累的经验。因此,希望把这些经验指导下的行为过程总结成一些规则,并根据这些规则设计出控制器。由于人的经验一般是用自然语言描述的,因此,基于经验的规则也只能是语言的、模糊的。运用模糊集合论、模糊语言变量及模糊逻辑推理的知识,可以把这些模糊的语言性规则上升为数值运算,从而利用计算机来完成对这些规则的具体实现,达到以机器代替人对某些对象或过程进行自动控制的目的。

由于工程船舶运动的复杂性,采用开环控制系统无法保证动作精度。为有效消除航迹偏差,同时保证控制系统输出响应的动、静态性能指标,可利用船位检测系统将系统航迹输出反馈至系统输入端,与预定航迹的偏差作为控制器输入。

工程船舶航迹保持闭环控制系统主要由船体、移船绞车机构和模糊控制器组成,后续讨论中将移船绞车机构和船体一起称为锚泊移位系统,如图 4-2 所示。图中,航迹输出为移船机构的纵向位移,由船位检测系统测得的船舶实时坐标位置转换而来。模糊控制器给出合适的控制量——绞车速度给定 V,从而产

生合力 F，使船舶沿给定航迹移船施工。

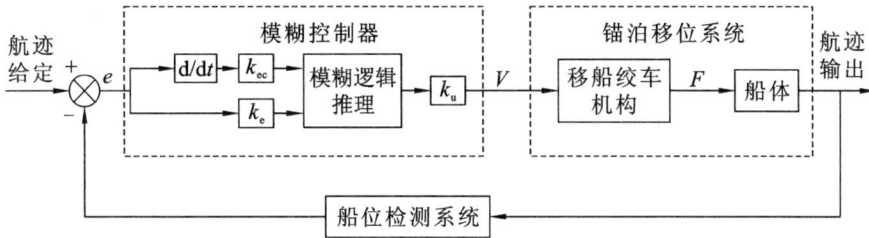

图 4-2　工程船舶航迹控制系统框图

4.3.2　模糊控制器的设计

模糊控制器的设计主要有三个部分:模糊控制规则、隶属函数和控制器输入输出规范化的比例因子。

（1）确定输入输出量

普遍采用的二维模糊控制器,用航迹偏差和航迹偏差变化率作为它的两个输入语言变量,即 $X=[e,ec]^{\mathrm{T}}$。控制器的输出为锚绞车收放缆速度控制信号 $V=[v_1,v_2,v_3,v_4]^{\mathrm{T}}$，$v_1 \sim v_4$ 分别对应艉左、艉右、艏左、艏右 4 台锚绞车的收放缆速度。如 2.2 节所述,移船施工过程中 4 个锚基本呈对称分布,艉左、艏左 2 台锚绞车收缆,艉右、艏右 2 台锚绞车放缆。理想状态下放缆速度等于收缆速度,即 $v_2=-v_1$、$v_4=-v_3$，收缆速度给定为正值,放缆速度给定为负值。实际施工过程中放缆速度略小于收缆速度,以保证船舶处于缆绳张紧状态。施工过程中最大移船速度 $v_{\mathrm{max}} \leqslant 5\mathrm{m/min}$，设置移船基速 $v_0 \leqslant v_{\mathrm{max}}$，则有:

$$\left.\begin{aligned} v_1 &= k_1 v_0 \\ v_2 &= -k_2 v_1 = -k_2 k_1 v_0 \\ v_3 &= k_3 v_0 \\ v_4 &= -k_4 v_3 = -k_4 k_3 v_0 \end{aligned}\right\} \tag{4-9}$$

式中,取 $k_2=k_4=0.8$ 为收放缆速度比例系数。为简化模糊控制器,取艉左、艏左 2 台移船绞车的收缆速度给定系数为模糊控制器的输出,即 $U=[k_1,k_3]$。

两个输入语言变量均选用 5 个模糊集作为它们的语言值,即｛负大(NB),负小(NS),零(ZE),正小(PS),正大(PB)｝。根据施工精度要求 $\pm 1.5\mathrm{m}$，e 的变化范围为 $[-1.5,1.5]$，设置其模糊集合的论域 $X_e=[-1.5,1.5]$，比例因子 $k_e=1$。因为绞车驱动系统为液压驱动,比例阀的动作频率不能高于 12 次/min,故取采样频率 $h=5\mathrm{s}$。误差变化率 ec 的变化范围为 $[-0.5,0.5]$，设置 ec 的模糊集合

的论域 $X_{ec} = [-0.5, 0.5]$，比例因子 $k_{ec} = 1$。

U 的变化范围为 $[0, 1]$，利用式(4-9)计算 4 台移船绞车速度给定值，经 PLC 控制系统送至绞车收放缆执行机构。速度给定值需经过 PLC 程序的量程转换，因此输出比例因子 $k_u = 5529.6$。

（2）选择隶属函数

输入变量 e 和 ec 语言值的隶属函数都采用高斯型函数形式，即：

$$\mu(x) = e^{-\frac{(x-c)^2}{2\sigma^2}} \tag{4-10}$$

高斯型隶属函数有两个特征参数 σ 和 c，分别表示高斯曲线的宽度和中心点。σ 的大小直接影响隶属函数曲线的形状，而隶属函数曲线的形状不同会导致不同的控制特性。根据手动施工经验，两输入变量各模糊子集的隶属函数曲线如图 4-3 所示，各参数值如表 4-1 所示。

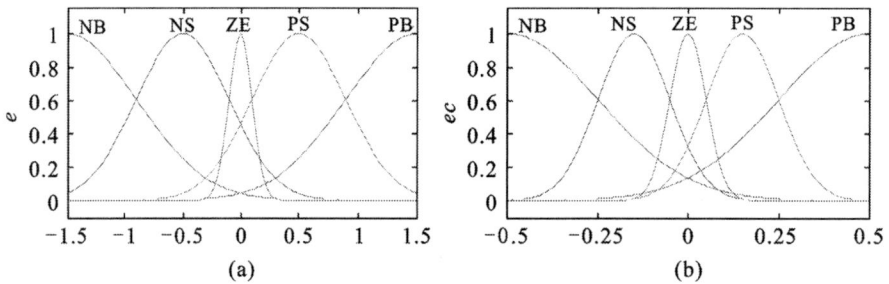

图 4-3　e 和 ec 的隶属函数曲线

如图 4-3 所示，外层分档较大，以得到快速动态响应；内层分档变细，以获得较好的稳态性能，并达到较高的稳态精度。

表 4-1　e 和 ec 的隶属函数参数表

模糊分级		NB	NS	ZE	PS	PB
e	σ	0.6	0.4	0.1	0.4	0.6
	c	−1.5	−0.5	0	0.5	1.5
ec	σ	0.25	0.1	0.05	0.1	0.25
	c	−0.5	−0.15	0	0.15	0.5

（3）设计控制规则

模糊控制规则反映了当前航迹偏差情况下，4 台移船绞车的协调控制规律。总结施工过程中移船操作人员的经验并经人工修正，可达到如下 25 条语言规则：

R_1: if e is NB and ec is NB, then $k_1 = 1$ and $k_3 = 0.6$;

R_2: if e is NB and ec is NS, then $k_1 = 1$ and $k_3 = 0.7$;

$\vdots$

R_{25}: if e is PB and e is PB, then $k_1 = 0.4$ and $k_3 = 1$。

　　每一条规则都是并列的,则它们之间是"或"的逻辑关系,因此整个规则库集的模糊关系为 $R = \bigcup\limits_{i=1}^{25} R_i$。将这 25 条模糊条件语句列成表格,可得表 4-2 所示的航迹模糊控制的控制规则表。

表 4-2　航迹模糊控制规则表(k_1/k_3)

ec	e				
	NB	NS	ZE	PS	PB
NB	1/0.6	1/0.6	0.8/1	0.6/1	0.4/1
NS	1/0.7	1/0.7	0.8/1	0.7/1	0.5/1
ZE	1/0.8	0.8/1	1/1	0.7/1	0.5/1
PS	1/0.7	1/0.7	0.8/1	0.7/1	0.5/1
PB	1/0.6	1/0.6	0.8/1	0.6/1	0.4/1

（4）模糊推理

　　模糊推理应用于广义前向推理。在 t 时刻,如模糊控制器的输入量为 e^* 和 Δe^*,经模糊化为模糊子集 $\underset{\sim}{A}$ 和 $\underset{\sim}{B}$,应用 Mamdani 的最大-最小推理方法(Max-Min Inference),其推论结果是 $\underset{\sim}{U} = (\underset{\sim}{A} \times \underset{\sim}{B}) \circ R$。由于模糊控制器的输出变量采用的是常量,即输出值为精确量,可以省去解模糊化过程。航迹模糊控制器的输入/输出曲面如图 4-4 所示。

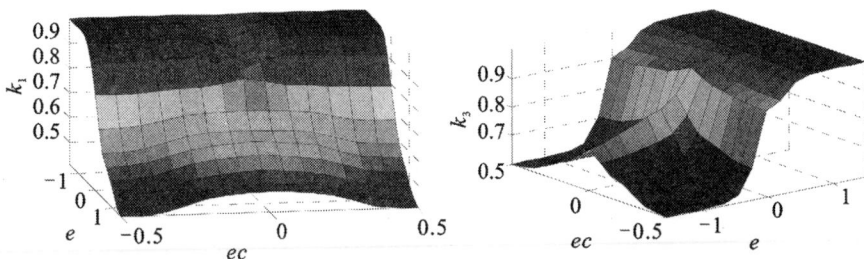

图 4-4　航迹模糊控制器的输入/输出曲面

4.3.3　系统仿真实验

仿真研究以第3章建立的锚泊移船系统模型为对象。设给定航迹线距船舶当前船位初始偏差分别为0.2m、0.5m、1.0m、1.5m,仿真时间设置为2000s,得到图4-5所示的系统输出响应曲线,系统动态响应性能指标和静态性能指标如表4-3所示。

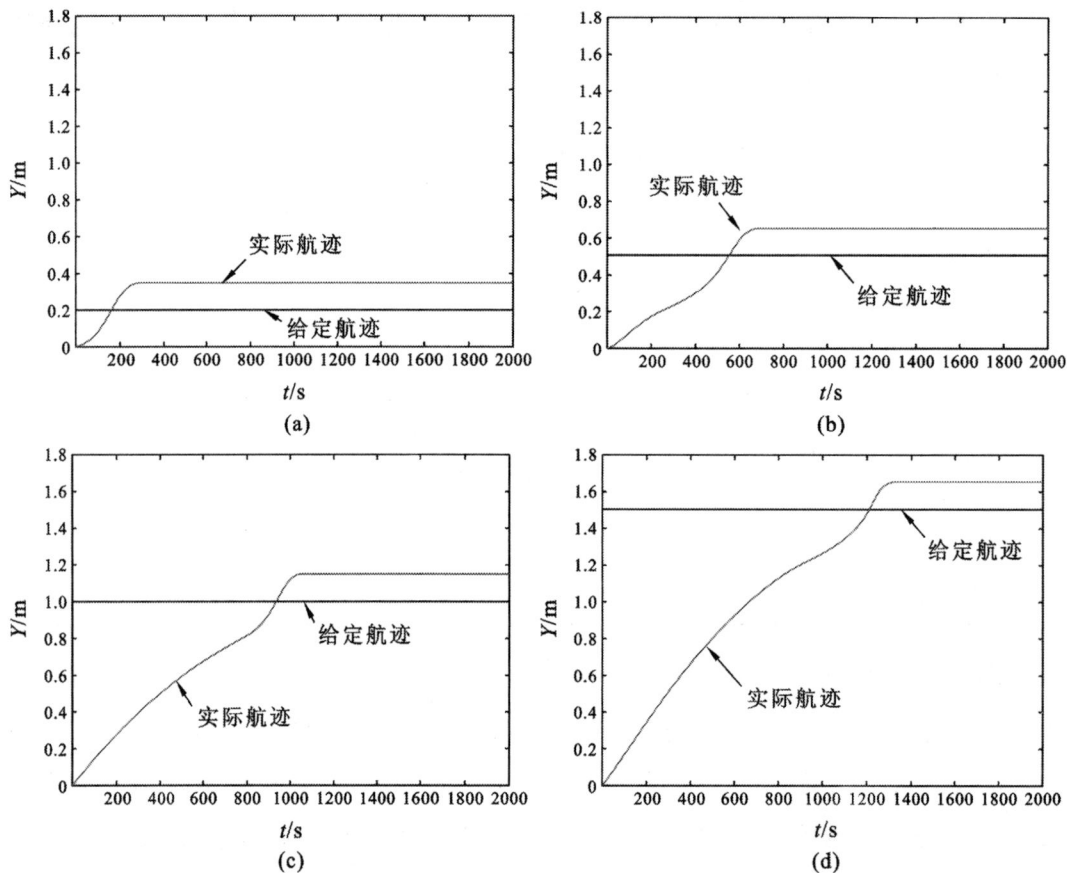

图4-5　航迹保持系统输出响应曲线图

(a)初始偏差=0.2m;(b)初始偏差=0.5m;(c)初始偏差=1.0m;(d)初始偏差=1.5m

表4-3　系统动态响应性能指标和静态性能指标

初始位移偏差(m)	系统超调(%)	上升时间(s)	过渡过程时间(s)	稳态误差(m)
0.2	75.3596	110	2000	0.1503
0.5	30.1429	450	2000	0.1503
1.0	15.0721	800	780	0.1382
1.5	10.0480	1010	900	0.1231

仿真结果显示,系统输出存在稳态误差,过渡过程时间长。航迹保持模糊控制器在大误差段的控制效果较好;而在小误差段超调较大。可见,需要对控制器的参数进行调整,提高控制性能,4.4 节将研究基于粒子群优化算法的控制器优化设计。

4.4 基于粒子群优化算法的模糊控制器优化设计

以误差和误差变化率为输入的普通模糊控制器本质上是 PD 型或 PI 型非线性控制器,会对系统的动态性能或静态性能产生影响。模糊控制器性能的改善可通过修改隶属函数、模糊推理规则、比例因子等途径实现。但算法参数的确定和修改本身是一个极其复杂的优化问题,在实际应用中没有确定最优参数的通用方法或系统化的指导方法,大多是根据经验选取或采用"试差法",效率比较低。目前基于智能优化算法优化模糊控制器的研究越来越受到研究者的关注,本节将研究基于粒子群优化算法的模糊控制器优化设计。

4.4.1 粒子群优化算法与模糊控制的结合

针对一般控制器的优化设计,假设控制器要实现的函数映射表示为 $f(e, \dot{e}, u)$,控制器涉及的调整参数为 $\theta = [\theta_1, \theta_2, \cdots, \theta_n]$,优化目标为 f_{itness},f_{itness} 是将粒子代表的一组可行解作为控制器的控制参数,在控制系统的运行过程中得到的优化目标值。基于 PSO 的控制器参数优化步骤如下:

步骤 1:根据所设计的具体控制器,确定参数 θ 的论域范围大小和初值;设定 PSO 算法的参数,包括惯性权重 w,加速度常数 c_1 和 c_2,种群规模 N,根据参数 θ 的维数,在定义空间 R^D 中随机产生 N 个粒子 $x_1, x_2, \cdots, x_N$,组成初始种群 X;随机产生各粒子初始速度 $v_1, v_2, \cdots, v_N$,组成速度矩阵 V。

步骤 2:计算各粒子适应度函数值 f_{itness}。

步骤 3:比较每个粒子的适应度值与自身最优值 $pbest$。如果优于自身最优值 $pbest$,则用当前适应度值来更新 $pbest$。

步骤 4:比较每个粒子的适应度值与种群最优值 $gbest$。如果优于 $gbest$,则将其作为种群的最优位置 $gbest$,同时记录其索引号。

步骤 5:根据公式更新各粒子的速度和当前位置。

步骤 6:检查终止条件。若满足,则返回当前最佳粒子的结果,程序结束;否则返回步骤 2,继续下一循环。

从以上流程可以看出,PSO 算法中的粒子代表控制器的参数,而优化目标是通过控制系统运行得到的性能指标。因此,将 PSO 用于控制器设计的关键在于:①优化参数 θ 的确定;②确定优化目标 f_{itness}。

对于模糊控制器参数 θ 可选取比例因子、隶属函数参数、模糊控制规则等。在选择优化参数时,对于多入多出的模糊控制器由于控制器所涉及的参数较多,如果全部选择作为 PSO 调整参数,则会因为参数之间的相关性太强而使得 PSO 寻优效率降低。因此,在处理具体问题中将重要的几个参数作为优化参数,而将其他参数固定。

优化目标 f_{itness} 一般对应实际系统所追求的目标,可以将一些控制系统性能指标,如平方误差积分(ISE)、系统稳定时间、系统超调量等作为粒子的适应度评价值,或者在性能指标中加入对控制量的考虑。

本节将 PSO 优化算法与模糊控制相结合,航迹模糊控制系统结构如图 4-6 所示。

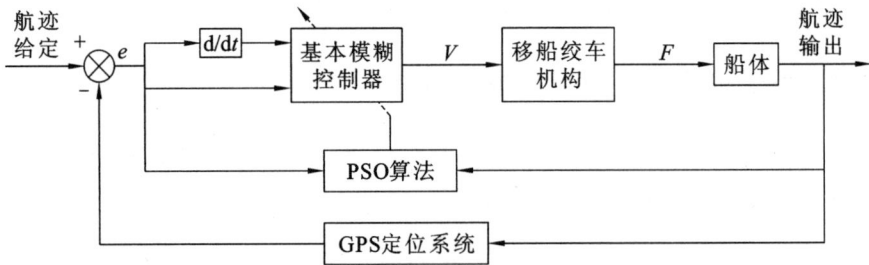

图 4-6　基于 PSO 优化算法的航迹模糊控制系统结构框图

4.4.2　模糊控制器隶属度函数优化

模糊控制器两输入变量 e 和 ec 的隶属函数均为高斯型隶属函数,均为 5 个模糊语言值,因此选取寻优参数如下:

$$\theta = [\sigma_{e1}, \sigma_{e2}, \cdots, \sigma_{e5}, c_{e1}, c_{e2}, \cdots, c_{e5}, \sigma_{ec1}, \sigma_{ec2}, \cdots, \sigma_{ec5}, c_{ec1}, c_{ec2}, \cdots, c_{ec5}]$$

式中,$\sigma_{e1}, \sigma_{e2}, \cdots, \sigma_{e5}$ 表示航迹偏差 e 的 5 个语言变量隶属函数曲线的宽度;$c_{e1}, c_{e2}, \cdots, c_{e5}$ 表示航迹偏差 e 的 5 个语言变量隶属函数曲线的中心点;$\sigma_{ec1}, \sigma_{ec2}, \cdots, \sigma_{ec5}$ 表示航迹偏差变化率 ec 的 5 个语言变量隶属函数曲线的宽度;$c_{ec1}, c_{ec2}, \cdots, c_{ec5}$ 表示航迹偏差变化率 ec 的 5 个语言变量隶属函数曲线的中心点。

由上述条件可知寻优参数 θ 包含 20 个元素。寻优的目标是找到一组参数值,实现模糊控制器的优化目标——航迹偏差最小。为了比较全面地考虑系统的动态性能和稳态性能,系统的性能指标选为:

$$f_{\text{itness}} = w_1 \frac{ISE}{\max[e(n)]} + w_2 POS + w_3 \frac{T_s}{T} \to \min \tag{4-11}$$

式中，ISE 表示在整个仿真时间 T 内误差平方的积分；T_s 表示稳定时间；POS 表示超调率；w_1、w_2、w_2 表示加权系数，且 $w_1 + w_2 + w_3 = 1$。粒子适应度函数选取的原则是：①系统的输出误差尽可能小，以保证船舶沿给定的航迹移船；②尽可能提高系统的响应速度，减小超调量，改善系统的动态性能。因此采用 f_{itness} 作为粒子适应度评价函数。

初始 PHQPSO 参数设置：种群规模 $M=50$，收缩扩张系数 $\beta=(0.8-0.6)/1000$ 线性减小，寻优空间维数 $D=20$，最大迭代次数为 100 次。变异进化粒子数 $N=4 \times M/5 = 40$。

寻优参数 θ 的初始值设置取表 4-1 所示的常数，即：

$$\theta = [0.6 \quad 0.4 \quad 0.1 \quad 0.4 \quad 0.6 \quad -1.5 \quad -0.5 \quad 0 \quad 0.5 \quad 1.5$$
$$0.25 \quad 0.1 \quad 0.05 \quad 0.1 \quad 0.25 \quad -0.5 \quad -0.15 \quad 0 \quad 0.15 \quad 0.5]$$

经过 PSO 优化后参数值为：

$$\theta = [0.2539, 0.3415, 0.0190, 0.3898, 0.2101, -1.3731, -0.4374, 0,$$
$$0.1979, 0.8409, 0.0254, 0.0583, 0.0206, 0.0308, 0.0006, -0.0658,$$
$$-0.1093, 0, 0.1089, 0.0503]$$

取 3.4 节建立的锚泊移船系统优化模型为对象，初始位移偏差分别为 0.2m、0.5m、1.0m、1.5m，仿真时间设置为 1000s，$w_1 = w_2 = 0.4$，$w_3 = 0.2$，得到隶属函数优化后航迹保持系统输出响应曲线如图 4-7 所示，表 4-4 所示为隶属函数优化前后的系统动态和静态性能指标比较。

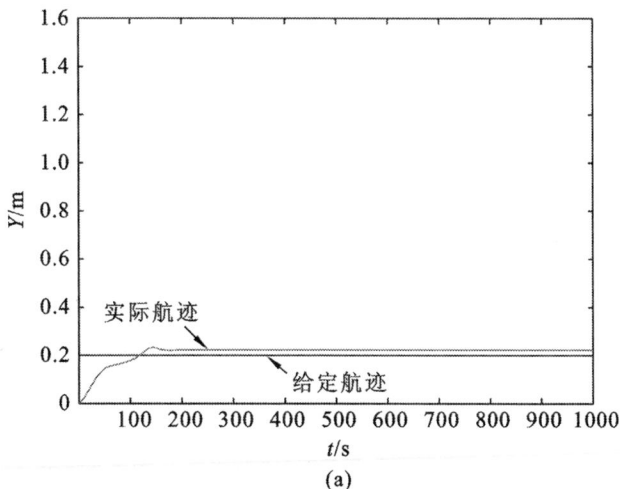

(a)

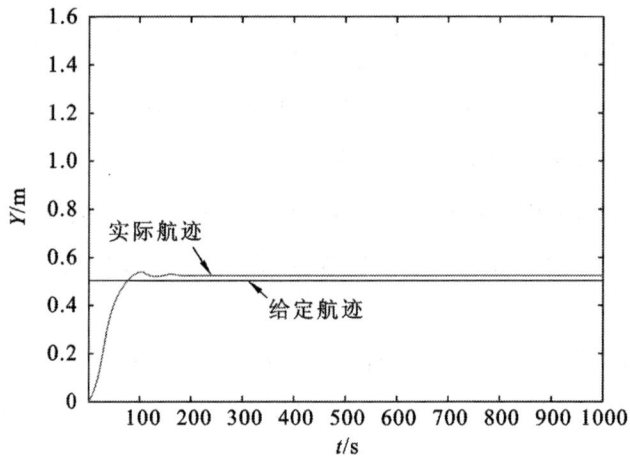

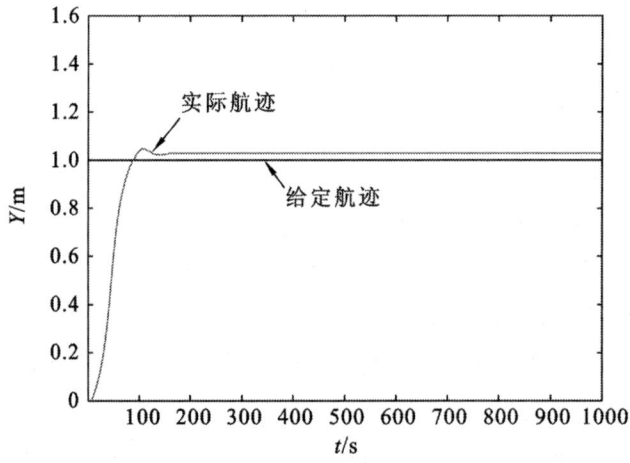

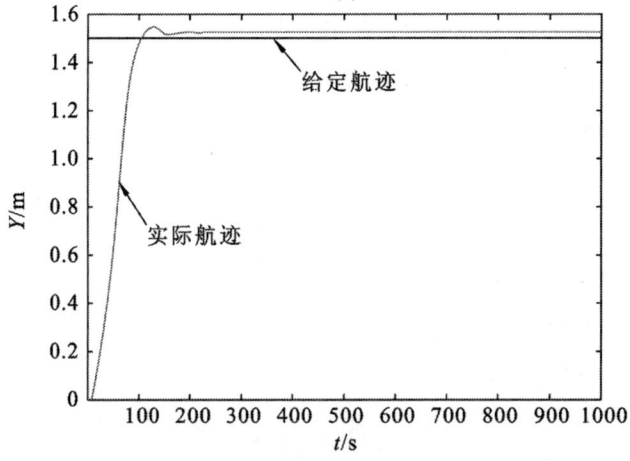

图 4-7　隶属函数优化后航迹保持系统输出响应曲线图

(a)初始偏差＝0.2m;(b)初始偏差＝0.5m;(c)初始偏差＝1.0m;(d)初始偏差＝1.5m

表 4-4　隶属函数优化前后的系统动态和静态特性指标比较

初始位移偏差(m)	系统超调(%)		稳态误差(m)	
	Fuzzy	Fuzzy_PHPSO	Fuzzy	Fuzzy_PHPSO
0.2	75.3596	16.9490	0.1503	0.0238
0.5	30.1429	7.3920	0.1503	0.0239
1.0	15.0721	4.4341	0.1382	0.0237
1.5	10.0480	3.0929	0.1231	0.0233

如表 4-4 所示,相对基本的模糊控制器,隶属函数优化后的模糊控制系统的超调率大大减小,稳态误差也得到改善。

4.4.3　模糊控制器模糊控制规则优化

针对模糊控制规则,选取寻优参数 $\theta = [K_1, K_3]$,其中 K_1、K_3 表示模糊控制规则后件中的输出常数,定义如下:

$$K_1 = \begin{bmatrix} k_1^{11} & k_1^{12} & \cdots & k_1^{15} \\ k_1^{21} & k_1^{22} & \cdots & k_1^{25} \\ & & \ddots & \\ k_1^{51} & k_1^{52} & \cdots & k_1^{55} \end{bmatrix}, K_3 = \begin{bmatrix} k_3^{11} & k_3^{12} & \cdots & k_3^{15} \\ k_3^{21} & k_3^{22} & \cdots & k_3^{25} \\ & & \ddots & \\ k_3^{51} & k_3^{52} & \cdots & k_3^{55} \end{bmatrix} \quad (4\text{-}12)$$

由此,模糊控制规则表示如下:

R_1:if e is NB and ec is NB,then $k_1 = k_1^{11}$ and $k_3 = k_3^{11}$;

R_2:if e is NB and ec is NS,then $k_1 = k_1^{21}$ and $k_3 = k_3^{21}$;

$\vdots$

R_{25}:if e is PB and ec is PB,then $k_1 = k_1^{55}$ and $k_3 = k_3^{55}$。

由上可知,寻优参数 θ 包含 50 个元素,可采用式(4-11)的粒子适应度评价函数。

初始 PHQPSO 参数设置:种群规模 $M = 50$,收缩扩张系数 $\beta = (0.7-0.6)/1000$ 线性减小,寻优空间维数 $D = 50$,最大迭代次数为 100 次。变异进化粒子数 $N = 4 \times M/5 = 40$。

利用 4.4.2 节得到的优化参数 θ 作为隶属度参数,模糊控制规则初始参数 K_1、K_3 取表 4-2 所示的常数,即:

$$K_1 = \begin{bmatrix} 1 & 1 & 0.8 & 0.6 & 0.4 \\ 1 & 1 & 0.8 & 0.7 & 0.5 \\ 1 & 0.8 & 1 & 0.7 & 0.5 \\ 1 & 1 & 0.8 & 0.7 & 0.5 \\ 1 & 1 & 0.8 & 0.6 & 0.4 \end{bmatrix}, K_3 = \begin{bmatrix} 0.6 & 0.6 & 1 & 1 & 1 \\ 0.7 & 0.7 & 1 & 1 & 1 \\ 0.8 & 1 & 1 & 1 & 1 \\ 0.7 & 0.7 & 1 & 1 & 1 \\ 0.6 & 0.6 & 1 & 1 & 1 \end{bmatrix}$$

经过 PSO 优化后的参数值如下：

$$K_1 = \begin{bmatrix} 1.1200 & 0.8800 & 0.9200 & 0.4800 & 0.2800 \\ 1.1200 & 0.8800 & 0.9200 & 0.5800 & 0.3800 \\ 1.1200 & 0.9200 & 1.1200 & 0.5800 & 0.4015 \\ 0.8800 & 0.8800 & 0.6800 & 0.5800 & 0.6200 \\ 1.1200 & 1.1200 & 0.7565 & 0.7200 & 0.5200 \end{bmatrix},$$

$$K_3 = \begin{bmatrix} 0.7200 & 0.4800 & 0.8800 & 1.1200 & 1.1200 \\ 0.8200 & 0.8200 & 0.8800 & 1.1200 & 1.1200 \\ 0.9200 & 1.1200 & 0.8800 & 0.8800 & 0.8800 \\ 0.8200 & 0.5800 & 1.1200 & 1.1200 & 1.1200 \\ 0.4800 & 0.7200 & 1.1200 & 1.1200 & 1.1200 \end{bmatrix}$$

同等仿真条件下，利用优化后的隶属度函数参数得到系统输出响应曲线如图 4-8 所示，优化前后系统动态和静态性能指标对比如表 4-5 所示。

表 4-5 模糊控制规则优化前后的系统动态和静态性能指标比较

初始位移偏差(m)	系统超调(%)		稳态误差(m)	
	Fuzzy	Fuzzy_PHQPSO	Fuzzy	Fuzzy_PHQPSO
0.2	75.3596	12.6296	0.1503	2.3656e-004
0.5	30.1429	6.3538	0.1503	0.0017
1.0	15.0721	3.5680	0.1382	0.0029
1.5	10.0480	2.6730	0.1231	0.0041

比较表 4-5 和表 4-4 所示的优化前后的系统动、静态性能指标，显见经 PSO 算法优化后的系统超调率和稳态误差都大大减小，证明模糊控制规则经优化后使得航迹保持模糊控制器的控制性能得到了较大改善。

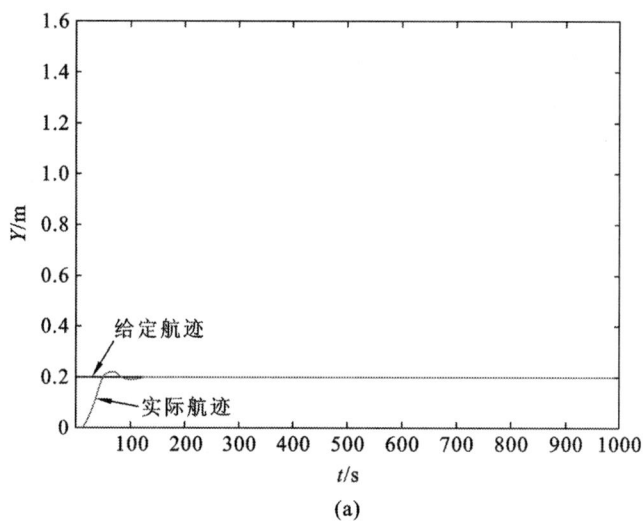

(a)

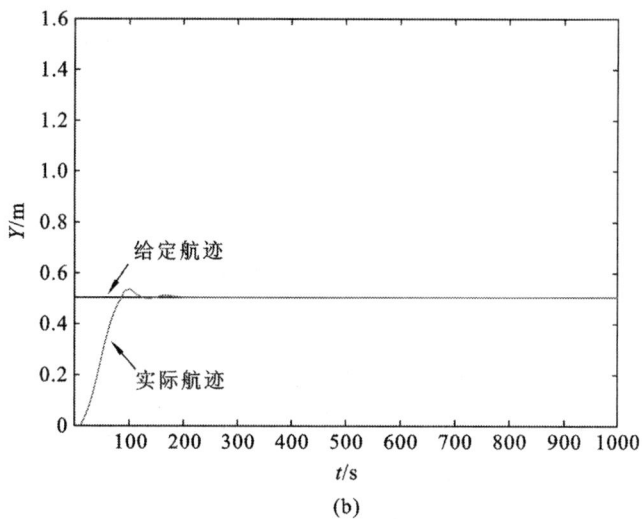

(b)

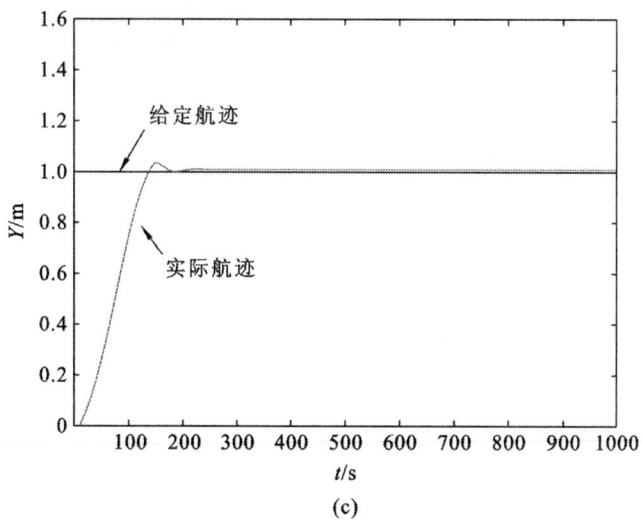

(c)

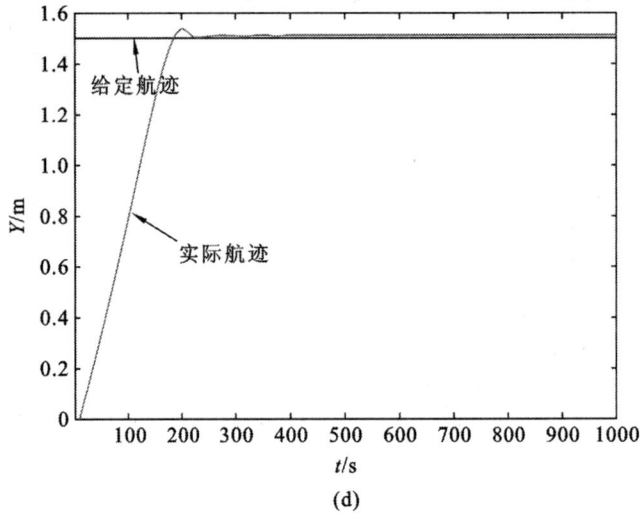

图 4-8　模糊控制规则优化后航迹保持系统响应输出曲线图

(a)初始偏差＝0.2m；(b)初始偏差＝0.5m；(c)初始偏差＝1.0m；(d)初始偏差＝1.5m

4.5　本章小结

本章主要讨论了基于模糊逻辑的工程船舶航迹保持控制系统的设计与优化。

首先简述了模糊控制的基本理论和模糊控制系统的组成，然后以锚泊移船系统的航迹保持模糊控制为例，从语言变量和语言值的定义、各语言值的隶属函数的确定，到模糊控制规则的确定，详细设计了一个基本的航迹模糊控制器。

仿真实验反映基本的模糊控制器存在稳态精度不高、控制规则适应性较差的缺陷，因此利用粒子群优化算法分别对模糊控制器的模糊规则和隶属函数进行了优化训练。对优化设计的锚泊移船模糊控制系统进行仿真实验，实验结果表明，优化后的控制系统各项性能指标均有提高，表明粒子群优化算法应用于模糊控制器的参数设计是可行和有效的。

5 工程船舶航迹航向保持自适应控制器设计

5.1 引　言

铺排船的施工作业过程中,要求沿预定的航迹移船,以保证将软体排布铺设在预定位置。在第4章中,我们主要从航迹保持的角度,根据航迹偏差实时调整4台移船绞车的收放缆速度,将航迹偏差控制在施工精度要求的范围内。

本章在分析了基于 ANFIS 结构的自适应神经模糊推理系统的基础上,设计了基于 ANFIS 的自适应航迹保持控制器,采用 QPSO 改进算法对网络参数进行了优化设计。基于航迹保持、航向保持的双重控制目标,设计了一个多变量自适应控制网络。该网络实时根据航迹、航向偏差综合决策4台移船绞车各自的收放缆速度,由此构成铺排船移船施工自动控制系统。本章最后基于仿真实验结果分析了多变量自适应控制网络的控制效果。

5.2 自适应神经模糊推理系统

模糊推理系统因具有表达模糊或定性知识的能力,在复杂系统控制中得到了广泛的应用。虽然基本模糊推理系统既可以有模糊输入也可以有精确输入,但它所产生的输出都是模糊集合,当模糊推理系统作为控制器时,需要去模糊化以提炼能最佳表示模糊集合的精确数值。通常执行去模糊化运算所需的计算都是很费时的,而且不易于进行严格的数学分析,缺乏自我学习和自适应能力,这导致一些完全不需要去模糊化的其他自适应模糊推理系统的提出。

神经网络具有以任意精度逼近紧致集上的实连续函数的特性,并具有并行计算、容错性强和自适应等特点,但不具备表达专家知识和经验等人类语言的能力。自适应神经-模糊推理系统(Adaptive Neuro-Fuzzy Inference System,ANFIS)是一种将模糊推理系统和神经网络有机结合、功能上与模糊推理系统完全等价的自适应网络,只要学习辨识其前提参数和结论参数,原则上就能够逼近任意的实值函数[129]。

5.2.1　自适应网络

实际上,自适应网络可以认为是所有有监督学习能力的前馈神经网络的超集。一个典型的自适应网络结构如图 5-1 所示,自适应网络中包含节点和用来连接节点的有向线。其中,方节点和圆节点表示不同的自适应能力,方节点(自适应节点)需要进行参数学习,该节点的输出依赖于它的输入参数,而圆节点(固定节点)不具有这种功能。网络中的连接线只表示信号传递的方向,与权重没有联系。

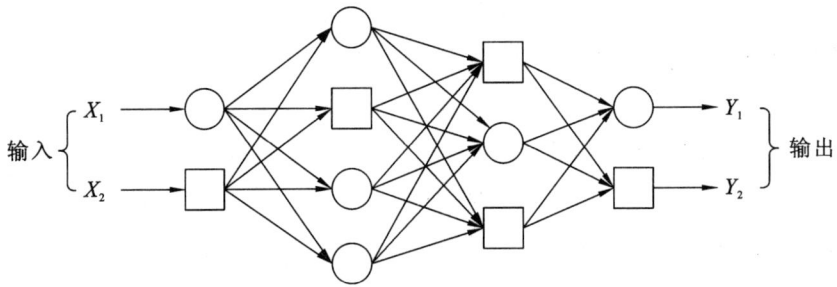

图 5-1　自适应网络结构图

通过自适应网络中的学习规则来使各参数改变,从而最小化预先设定的误差指标,基本的学习规则依赖于梯度下降法和 Werbos 提出的连锁规则。对于自适应网络一般有两种学习模式:一种是批量学习(或称离线学习),当全部训练数据都在网络中运行一次后(称为一个循环)再修正参数;另一种是模式学习(或称在线学习),每当一对训练输入、输出数据在网络中运行后,就依公式来进行参数调整。

5.2.2　ANFIS 的结构

由 JyhShing R. Jang 提出的自适应神经模糊推理系统,是一种基于 Takagi-Sugeno 模型(或简称 Sugeno 模型)的模糊推理系统。

考虑一个有两输入 x_1、x_2 和单输出 y 的一阶 Sugeno 模糊模型,具有两条模糊 if-then 规则的普通规则集如下:

规则 1:if x_1 is A_1 and x_2 is B_1,then $y = p_1 x_1 + q_1 x_2 + r_1$;

规则 2:if x_1 is A_2 and x_2 is B_2,then $y = p_2 x_1 + q_2 x_2 + r_2$。

该模型等效的 ANFIS 结构如图 5-2 所示[130],整个网络包含 5 层结构。

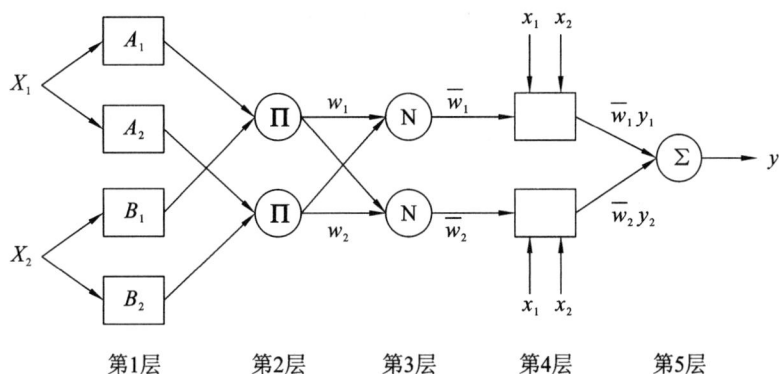

图 5-2 ANFIS 结构图

第 1 层 输入变量的隶属度函数层。每个节点 i 是以节点函数表示的方形节点:

$$O_{1,i} = \begin{cases} \mu_{A_i}(x_1) & i=1,2 \\ \mu_{B_{i-2}}(x_2) & i=3,4 \end{cases} \tag{5-1}$$

式中,x_1 和 x_2 是节点 i 的输入;A_i 和 B_{i-2} 是与节点相关的语言变量,隶属度函数 μ_{A_i} 和 $\mu_{B_{i-2}}$ 的形状全由一些参数确定,这些参数称为前件参数。

第 2 层 规则的强度释放层。该层每个节点是一个以 Π 表示的固定节点,将输入信号相乘,而将其乘积输出为:

$$O_{2,i} = w_i = \mu_{A_i}(x_1)\mu_{B_i}(x_2) \quad i=1,2 \tag{5-2}$$

第 3 层 规则强度归一化层。该层每个节点是固定节点,用 N 表示,第 i 个节点计算第 i 条规则的 w_i 与全部规则 w 值之和的比值为:

$$O_{3,i} = \overline{w_i} = \frac{w_i}{w_1 + w_2} \quad i=1,2 \tag{5-3}$$

第 4 层 模糊规则输出层。该层的每个节点均为自适应节点,其输出为:

$$O_{4,i} = \overline{w_i} y_i = \overline{w_i}(p_i x_1 + q_i x_2 + r_i) \quad i=1,2 \tag{5-4}$$

式中,$\{p_i, q_i, r_i\}$ 为第 i 个节点的参数集,称为后件参数。

第 5 层 网络输出层。该层是一个固定节点,用 $\sum$ 表示,计算所有输入信号的总输出为:

$$O_{5,i} = \sum_i \overline{w_i} y_i = \frac{\sum\limits_i w_i y_i}{\sum\limits_i w_i} \tag{5-5}$$

从网络结构可以看出,ANFIS 属于一种典型的自适应网络,当前件参数固

定时,总输出可以表示为后件参数的线性组合,即:

$$O_{5,i} = \overline{w_1}y_1 + \overline{w_2}y_2 \tag{5-6}$$
$$= (\overline{w_1}x_1)p_1 + (\overline{w_1}x_2)q_1 + \overline{w_1}r_1 + (\overline{w_2}x_1)p_2 + (\overline{w_2}x_2)q_2 + \overline{w_2}r_2$$

5.2.3　ANFIS 的学习算法

神经模糊系统结构的多样性导致其学习算法也具有多样性的特点。神经模糊系统的学习主要包括结构学习和参数学习[131]。

结构学习是指通过学习确定模糊规则的具体形式,包括变量数目、输入输出变量论域的划分、规则的数目等,主要采用聚类方法,从样本数据中提取规则。常采用的算法有:各种聚类和分类方法、归纳学习法、快速构造法、遗传算法等。

参数学习是指对 ANFIS 的参数进行学习,如隶属度的中心、宽度、斜率等,其本质是一个优化过程。常用算法有:BP 算法、重述算法、时间分段 BP 算法、遗传算法和 Hopfield 网络优化法。

虽然目前国内外对 ANFIS 的研究较多,但绝大多数均集中于 BP 神经网络与模糊逻辑融合的模糊神经网络,由于 BP 网络本身存在的一些固有缺陷,造成了融合后的网络也存在着一些缺陷。这些缺陷主要有:学习收敛速度慢、容易陷入局部极小、实时学习能力差和泛化能力较弱。因此,当前迫切需要根据实际控制要求,进一步开拓研究新型模糊神经网络,并探讨其应用。

5.3　自适应航迹保持控制器设计

5.3.1　基于 ANFIS 的自适应控制器网络模型

自适应航迹保持控制器网络结构为基于 Takagi-Sugeno 模型的神经模糊结构,如图 5-3 所示。该网络由前件网络和后件网络构成,其中前件网络用于匹配模糊规则的前件,后件网络用于产生模糊规则的后件。

(1) 前件网络

如图 5-3 所示,前件网络由四层组成:

第一层为输入层,将输入向量 $X_{in} = [e, ec]^{\mathrm{T}}$,即航迹偏差信号与偏差变化率传送至下一层。该层的节点数 $N_1 = 2$。

第二层计算各输入分量隶属函数值。类似第 4 章模糊控制器设计,输入变量 e 和 ec 语言值的隶属函数都采用高斯型函数形式,即:

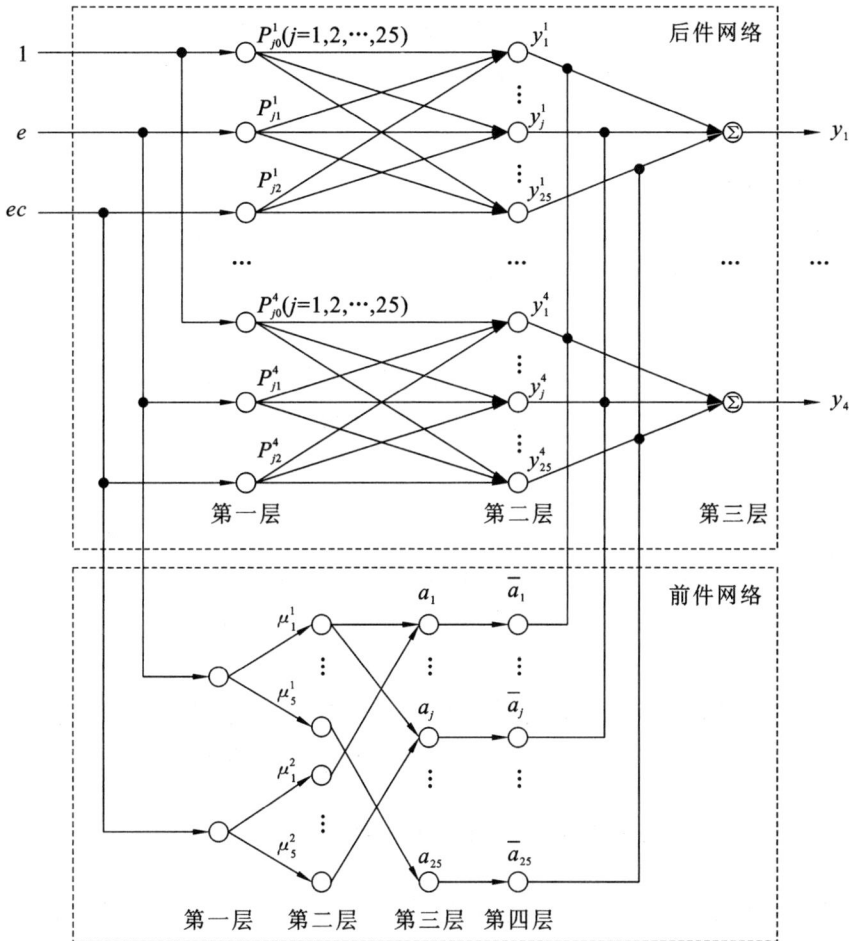

图 5-3　自适应航迹保持控制器网络结构图

$$\mu_j^i(x) = \mathrm{e}^{-\frac{(x_i - c_{ij})^2}{2\sigma_{ij}^2}} \tag{5-7}$$

式中,$i = 1, 2, \cdots, N_i$(输入向量的维数),$j = 1, 2, \cdots, m_i$(各输入变量的模糊分割数),σ_{ij} 和 c_{ij} 分别表示高斯曲线的宽度和中心值。本设计中,输入变量 e 和 ec 均分为五个模糊等级,即 $m_1 = m_2 = 5$,该层节点数 $N_2 = m_1 + m_2 = 10$。

第三层的每个节点表示一条模糊规则,它的作用是用来匹配模糊规则的前件,计算出每条规则的适用度,即:

$$a_j = \mu_{j_1}^1 \cdot \mu_{j_2}^2 \tag{5-8}$$

式中 $j_1 \in \{1, 2, \cdots, m_1\}$;$j_2 \in \{1, 2, \cdots, m_2\}$;$j = 1, 2, \cdots, m$;$m = m_1 \times m_2$,因此该层节点数 $N_3 = m = 5 \times 5 = 25$。

第四层为规则的归一化层,实现归一化计算,即:

$$\overline{a_j} = \frac{a_j}{\sum\limits_{i=1}^{m} a_i} \quad j = 1, 2, \cdots, m \tag{5-9}$$

该层节点数与第三层相同，即 $N_4 = N_3 = m = 25$。

（2）后件网络

后件网络由 4 个结构相同的并列子网络组成，每个子网络产生一个输出向量，分别作为 4 台移船绞车的控制信号。如图 5-3 所示，每个子网络由三层构成。

子网络第一层为输入向量层，用于将输入向量传送至每个子网络的第二层。

子网络第二层的每个节点表示一条模糊规则，该层节点数 $N_5 = m = 25$。该层的作用是计算每一条规则的后件，即：

$$y_j^i = P_{j0}^i + P_{j1}^i e + P_{j2}^i ec \quad i = 1, 2, 3, 4; j = 1, 2, \cdots, m \tag{5-10}$$

子网络第三层为输出层，输出各移船绞车的控制信号，即：

$$y_i = \sum_{j=1}^{m} \overline{a_j} y_j^i \tag{5-11}$$

每个子网络的输出是各规则后件的加权和，加权系数为各模糊规则经归一化的适用度，即前件网络的输出用作后件网络第三层的连接权值。

5.3.2　基于 QPSO 算法的参数学习算法

自适应控制器的神经模糊网络需要学习的参数是前件网络第二层各节点隶属函数的中心值 c_{ij} 和宽度 σ_{ij}（$i = 1, 2, \cdots, N_i; j = 1, 2, \cdots, m_i$），以及后件网络第二层的连接权 P_{ji}^I（$i = 0, 1, 2, \cdots, N_i; j = 1, 2, \cdots, m; I = 1, 2, 3, 4$）。

工程船舶锚泊移位系统的操纵受到环境、施工要求、船舶状态等诸多条件的限制，并没有一套固定的操作规则，因此基于 ANFIS 的自适应控制网络的参数学习不可能利用数据样本进行训练学习。本系统采用基于系统的学习训练方式，自适应控制网络与被控对象构成了一个闭环控制系统，自适应控制网络参数每更新迭代一次，就基于当前参数解算整个闭环控制系统在典型输入下的系统输出性能，根据系统输出性能指标的要求对自适应控制网络参数进行下一次更新迭代，直到整个闭环控制系统的性能指标达到要求。

为了比较全面地考虑系统的动态性能和稳态性能，采用 f_{itness} 作为粒子适应度评价函数（选取原则见 4.4.2 节）。

网络学习算法的每一次学习过程包括前提（前件）参数学习阶段和结论（后件）参数学习阶段。本设计采用改进的 QPSO 算法对前后件网络参数进行并行训练学习,即用两个并行的粒子群表示模糊控制器的隶属度函数的中心值 c_{ij}、宽度 σ_{ij} 和模糊规则连接权 P_{ji}^l,采用改进的 QPSO 优化算法对粒子群进行学习训练。学习算法步骤如下:

步骤 1:初始化参数,包括迭代最大次数、粒子种群个数等,将每个粒子的位置向量依次作为网络的前件参数;初始化后件参数 P_{ji}^l。

步骤 2:设置锚泊移位控制系统仿真参数、初始偏差及偏差变化率参数。

步骤 3:根据式(5-7)~式(5-9)计算出所有规则的激励强度 a_j 和归一化激励强度 $\overline{a_j}$($1 \leqslant j \leqslant m,m$ 为总规则数)。

步骤 4:根据式(5-10)、式(5-11)计算 y_j^i 和控制器输出 y_i。

步骤 5:调用锚泊系统模型计算系统输出。如果仿真时间未到,则返回上一步;若仿真时间已到,则利用式(4-11)计算出该次迭代所对应的适应度评价函数值。

步骤 6:分别更新两个粒子群中单个粒子的最优位置 $pbest$ 和粒子群最优位置值 $gbest$。按 QPSO 算法更新式(3-8)~式(3-10),更新粒子位置。

步骤 7:迭代次数加 1,判断是否达到停止条件(达到最大迭代次数或适应值 f_{itness} 小于给定精度 ε),如果未达到,返回步骤 2;否则结束。

5.3.3　仿真实验

采用第 3 章建立的软体铺排船锚泊移位系统为控制对象。基于该锚泊移位系统中绞车机构的实际特性,分别设置两个粒子群对应自适应控制网络中的前件和后件网络参数。

前件网络参数粒子群对应输入变量的隶属函数参数,寻优参数设为:

$$\theta_1 = [\sigma_{e1},\sigma_{e2},\cdots,\sigma_{e5},c_{e1},c_{e2},\cdots,c_{e5},\sigma_{ec1},\sigma_{ec2},\cdots,\sigma_{ec5},c_{ec1},c_{ec2},\cdots,c_{ec5}]$$

后件网络参数粒子群对应模糊规则参数,寻优参数设为 $\theta_2 = [P_{j0}^1,P_{j0}^3],j = 1,2,\cdots,25$。如式(5-9)所示,$P_{j1}^l = P_{j2}^l = 0,j = 1,2,\cdots,25,I = 1,2,3,4$,式(5-11)改写为:

$$y_i = \sum_{j=1}^{m} \overline{a_j} y_j^i = \sum_{j=1}^{m} \overline{a_j} P_{j0}^i \quad i = 1,3 \tag{5-12}$$

由于右侧移船绞车为被动放缆,因此定义 $y_2 = -0.8y_1,y_4 = -0.8y_3$。

由上述可知,寻优参数 θ_1 包含 20 个元素,寻优空间维数 $D_1 = 20$,初始值设置为:

$$\theta_1 = [0.6 \quad 0.4 \quad 0.1 \quad 0.4 \quad 0.6 \quad -1.5 \quad -0.5 \quad 0 \quad 0.5 \quad 1.5$$
$$0.25 \quad 0.1 \quad 0.05 \quad 0.1 \quad 0.25 \quad -0.5 \quad -0.15 \quad 0 \quad 0.15 \quad 0.5]$$

寻优参数 θ_2 包含 50 个元素,寻优空间维数 $D_2=50$,初始值设置为 $[0,1]$ 范围内的随机值。

两个粒子群初始 QPSO 算法参数设置为:种群规模 $M=60$,变异进化粒子数 $N=4\times M/5=48$,收缩扩张系数 $\beta=(0.9-0.7)/100$ 线性减小,最大迭代次数为 100 次。

经优化学习后得到的自适应控制网络与锚泊移位系统模型构成典型的闭环控制系统,初始偏差分别为 0.2m、0.5m、1.0m、1.5m,仿真时间设置为 500s,$w_1=w_2=0.4$,$w_3=0.2$,得到表 5-1 所示的系统特性指标分析结果。

表 5-1　经优化学习后构造的基于 ANFIS 的控制系统动态和静态特性指标比较

初始位移偏差(m)	控制器	系统超调(%)	上升时间(s)	过渡过程时间(s)	稳态误差(m)
0.2	Fuzzy	75.3596	110	2000	0.1503
	Fuzzy_PHQPSO	12.6296	20	40	2.3656e-004
	ANFIS_PHQPSO	11.8790	30	30	0.0190
0.5	Fuzzy	30.1429	450	2000	0.1503
	Fuzzy_PHQPSO	6.3538	50	60	0.0017
	ANFIS_PHQPSO	3.8256	10	20	−0.0017
1.0	Fuzzy	15.0721	800	780	0.1382
	Fuzzy_PHQPSO	3.5680	80	100	0.0029
	ANFIS_PHQPSO	2.9017	20	30	−0.0040
1.5	Fuzzy	10.0480	1010	900	0.1231
	Fuzzy_PHQPSO	2.6730	130	140	0.0041
	ANFIS_PHQPSO	2.3946	30	50	−0.0011

表中控制器"Fuzzy"表示 4.3 节中设计的一个二维模糊控制器,控制规则依靠经验归纳总结得到;控制器"Fuzzy_PHQPSO"表示 4.4 节中讨论的利用 QPSO 优化算法对模糊控制器参数进行了优化设计后得到的控制器;控制器"ANFIS_PHQPSO"表示本节中设计的基于 ANFIS 的自适应控制网络,网络参数基于改进的 QPSO 算法进行了优化学习。

从上表显见,采用基于 ANFIS 的自适应控制网络的控制系统,在同等条件下,系统超调、过渡过程等动态性能指标得到较大改善。

5.4　多变量自适应控制器设计

5.4.1　锚泊移位航迹航向多变量模型建立

工程船舶在施工作业中要求按预定轨迹移船,因此航迹保持是首要的控制指标。如第 4 章所述,以航迹偏差作为控制器的输入变量,控制器的输出为各移船绞车控制命令,在锚泊移位系统的作用下使工程船舶的航迹偏差保持在误差允许范围内,从而实现施工作业自动化。

锚泊移位系统除了可使船位移动,还会使船舶航向发生偏转。对于某些类型的工程船舶,在施工过程中除了要保持航迹,还要保持航向才能得到较好的施工精度。例如软体铺排船,航迹偏差是以软体排布落水线的中心点与预定航迹线的垂直距离来表示的,即航迹保持控制器的控制效果,仅确保了排布中心点的铺设位置。若此时铺排船的航向角与预定轨迹线的方向相差较大,仍无法保证将整块软体排布铺设在指定位置。当出现航向角偏离较大的情况时,若不及时纠偏,则容易出现扯排的现象,给施工带来较大的经济损失。

由于工程船舶为非自航船舶,不存在舵角,也就是说,绞车的收放缆动作将引起船舶航向的偏转。再次以软体铺排船为例,设置航向偏转模型的输入、输出如下:

输入向量:$V=[v_1, v_2, v_3, v_4]$,分别对应艉左、艉右、艏左、艏右 4 台移船绞车收放缆速度给定,正值表示收缆,负值表示放缆。

输出向量:γ,为船舶航向偏转。以正北方向为 $0°$,顺时针方向为正,逆时针方向为负。

采用类似于 2.4.3 节的建模方法,建立航向偏转反馈型神经网络模型。采用典型的三层 Elman 神经网络结构:输入层神经元 5 个,分别对应输入量 $v_1(k-1)$、$v_2(k-1)$、$v_3(k-1)$、$v_4(k-1)$ 和航向偏转角 $\gamma(k-1)$;隐含层神经元 12 个;输出层神经元 1 个,对应航向偏转角度 $\gamma(k)$。采用改进的 QPSO 优化算法对神经网络的参数进行优化。

由于移船绞车收放缆动作对于航迹和航向作用是独立的,没有耦合关系,因此可建立图 5-4 所示的锚泊移位多变量模型,整个锚泊移位模型由纵向位移模型和航向偏转模型两个独立的神经网络子模型构成。整个对象模型的输入向量为 $V=[v_1, v_2, v_3, v_4]$,分别对应艉左、艉右、艏左、艏右 4 台移船绞车收放缆速度给定,正值表示收缆,负值表示放缆;输出向量为$[y,\gamma]$,分别表示船舶纵向位移和航线偏转角度。该模型作为多变量自适应控制系统的控制对象模型。

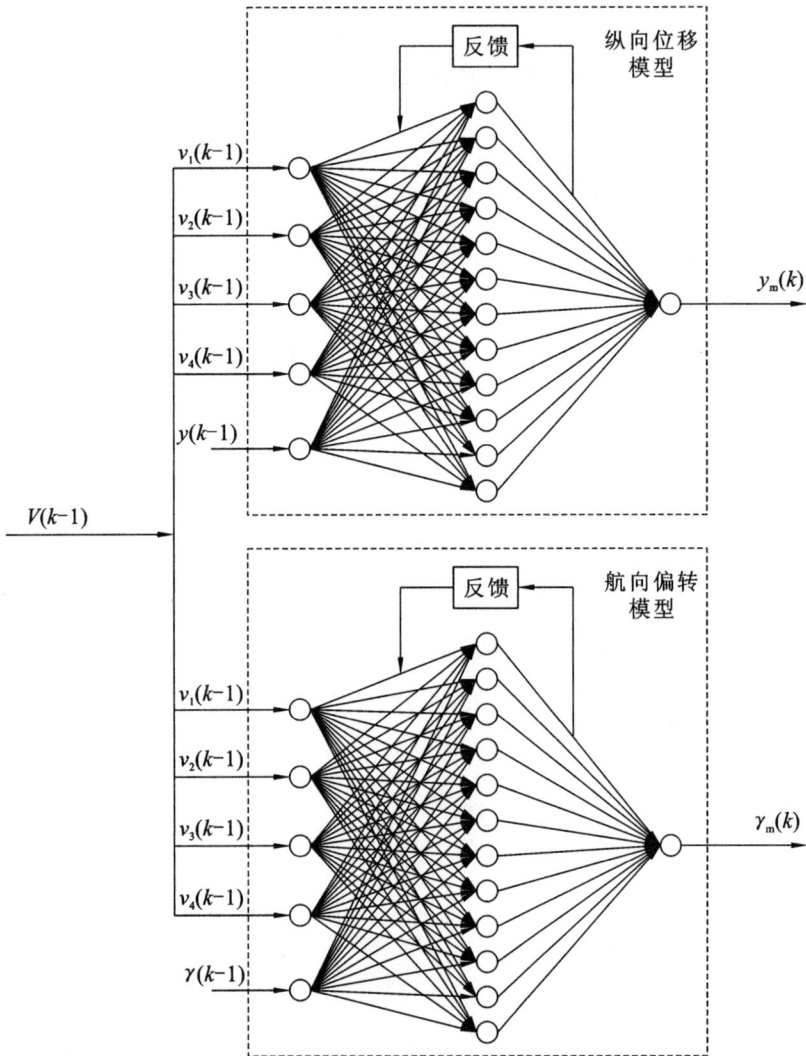

图 5-4　锚泊移位多变量模型结构图

5.4.2　多变量自适应控制器网络模型

工程船舶多变量自适应控制系统结构如图 5-5 所示,利用船位检测系统测定船舶当前船位和航向角,与预定工作线参数比较得到航迹偏差 e_1 和航向偏差 e_2,这两个偏差及其变化率作为多变量自适应控制器输入参数,控制器输出量为移船绞车协调动作的收放缆命令(包括收放缆方向和速度),由纵向位移模型和航向偏转模型构成的锚泊移位系统模型模拟移船绞车对船体定位的作用效果。

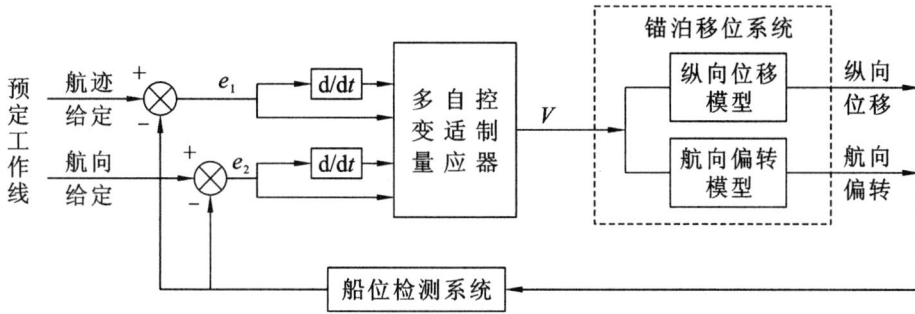

图 5-5　工程船舶多变量自适应控制系统结构图

　　多变量自适应控制器采用基于 ANFIS 的网络结构,采用此网络的优点在于网络中的各个节点及所有参数均有明显的物理意义,参数的初值可根据系统的模糊或定性的知识加以确定。由于该控制器同时考虑到航迹偏差和航向偏差,输入变量维数、模糊控制规则增多,从而造成了网络结构的复杂性,增加了网络参数的训练时间。由于工程船舶航迹控制和航向控制相互独立,且以航迹保持控制为主,故可用两个相互独立的模糊神经网络分别表示航迹、航向的控制,如图 5-6 所示。

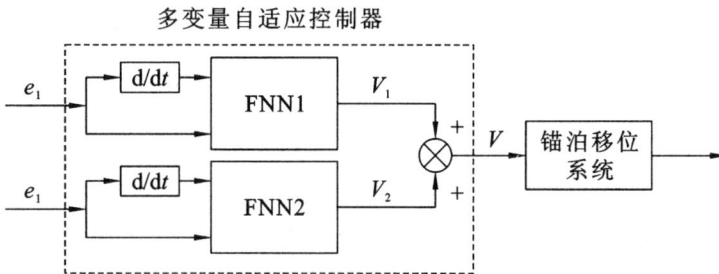

图 5-6　工程船舶多变量自适应控制器双网络结构图

　　该双网络的设计思想是:将一个较大的网络分割成若干子网络,在总体功能上仍体现为一个大网络的功能。两个网络相互独立,其网络结构与图 5-3 所示结构相同,FNN1 为训练航迹保持的模糊神经网络,输入变量为航迹偏差及其变化率;FNN2 为训练航向保持的模糊神经网络,输入变量为航向偏差及其变化率。

　　两个网络训练模式均采用 5.3.2 节介绍的基于 QPSO 的参数学习算法,采用并行运算,输出结果均为多台绞车收放缆控制向量 V_1 和 V_2,多变量自适应控制器的总输出为两者的加权平均值,即:

$$V = \frac{r_1 V_1 + r_2 V_2}{r_1 + r_2} \qquad (5\text{-}13)$$

式中,r_1 和 r_2 为加权系数,$r_1 + r_2 = 1$。

5.4.3　系统仿真实验

如前所述,FNN1 和 FNN2 两个自适应控制网络并行训练,其各自的前、后件参数利用 4 个并行的粒子群进行训练优化,寻优参数为:

FNN1 前、后件网络寻优参数 θ_1^1、θ_2^1 的定义和初始值设置与 5.3.3 节仿真实验中所述相同。

FNN2 前件网络输入参数 $X = [e, ec]^T$,2 个输入语言变量均选用 3 个模糊集作为它们的语言值,根据施工精度要求,航向偏差 e 的变化范围为 $[-10, 10]$,超出这个范围即建议操作者先手工粗调船位,航向偏差的变化率 ec 的变化范围为 $[-1, 1]$,因此前件网络寻优参数设为:

$$\theta_1^2 = [\sigma_{e1}, \sigma_{e2}, \sigma_{e3}, c_{e1}, c_{e2}, c_{e3}, \sigma_{ec1}, \sigma_{ec2}, \sigma_{ec3}, c_{ec1}, c_{ec2}, c_{ec3}]$$

式中,$\sigma_{e1}, \sigma_{e2}, \sigma_{e3}$ 表示航向偏差 e 的 3 个语言变量隶属函数高斯曲线的宽度;c_{e1},c_{e2}, c_{e3} 表示航向偏差 e 的 3 个语言变量隶属函数高斯曲线的中心点;$\sigma_{ec1}, \sigma_{ec2}$,$\sigma_{ec3}$ 表示航向偏差变化率 ec 的 3 个语言变量隶属函数高斯曲线的宽度;c_{ec1}, c_{ec2},c_{ec3} 表示航向偏差变化率 ec 的 3 个语言变量隶属函数高斯曲线的中心点。

FNN2 后件网络参数寻优参数设为 $\theta_2^2 = [P_{j0}^1, P_{j0}^3]$,$j = 1, 2, \cdots, 25$,网络输出 y_i 和 FNN1 输出定义相同。

寻优参数 θ_1^2 包含 12 个元素,寻优空间维数 $D_3 = 12$,初始值设置为:

$$\theta_1^2 = [6 \quad 4 \quad 6 \quad -10 \quad 0 \quad 10 \quad 0.6 \quad 0.4 \quad 0.6 \quad -1 \quad 0 \quad 1]$$

寻优参数 θ_2^2 包含 18 个元素,寻优空间维数 $D_4 = 18$,初始值设置为 $[0, 1]$ 范围内的随机值。

FNN1 和 FNN2 两个自适应网络参数对应的 4 个并行粒子群,初始 QPSO 算法参数设置为:种群规模 $M = 60$,变异进化粒子数 $N = 4 \times M/5 = 48$,最大迭代次数为 100 次,收缩扩张系数 $\beta = (0.7 - 0.5)/100$ 线性减小。

考虑到工程船舶施工中,航迹精度要求更高,因此整个多变量自适应控制网络的总输出加权系统设置为 $r_1 = 0.6, r_2 = 0.4$,即:

$$V = 0.6 V_1 + 0.4 V_2 \qquad (5\text{-}14)$$

经优化学习后得到的多变量自适应控制网络与锚泊移位系统模型构成典型的闭环控制系统。结合工程施工实际中出现的典型船位偏离、船姿偏转状况,对该系统分别设置不同的初始航迹、航向偏差,得到多变量自适应控制网络输出以及船位(航迹、航向)变化曲线,如图 5-7～图 5-9 所示。

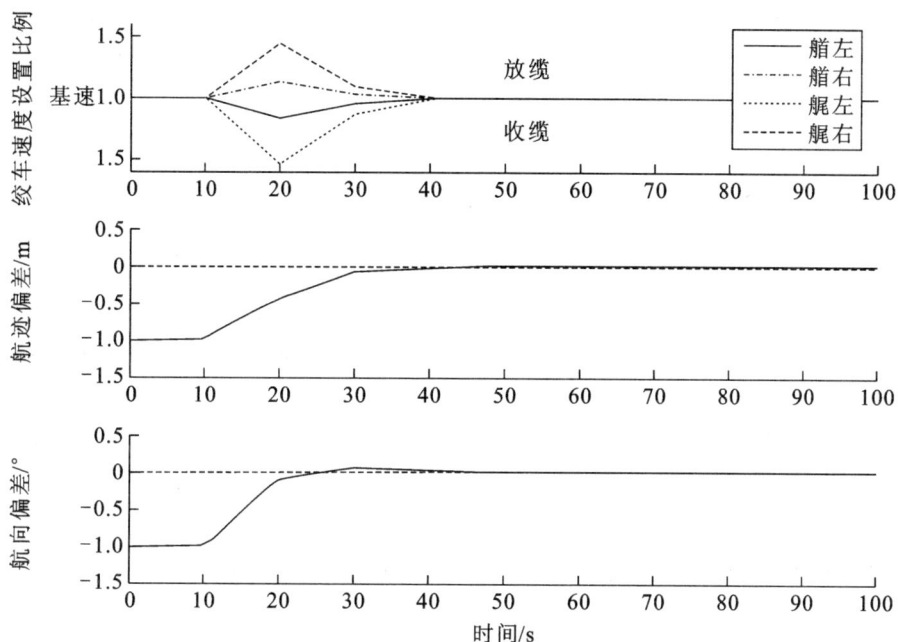

图 5-7   自适应控制系统的调整过程曲线 1(初始航迹偏差-1.0m,初始航向偏差-1.0°)

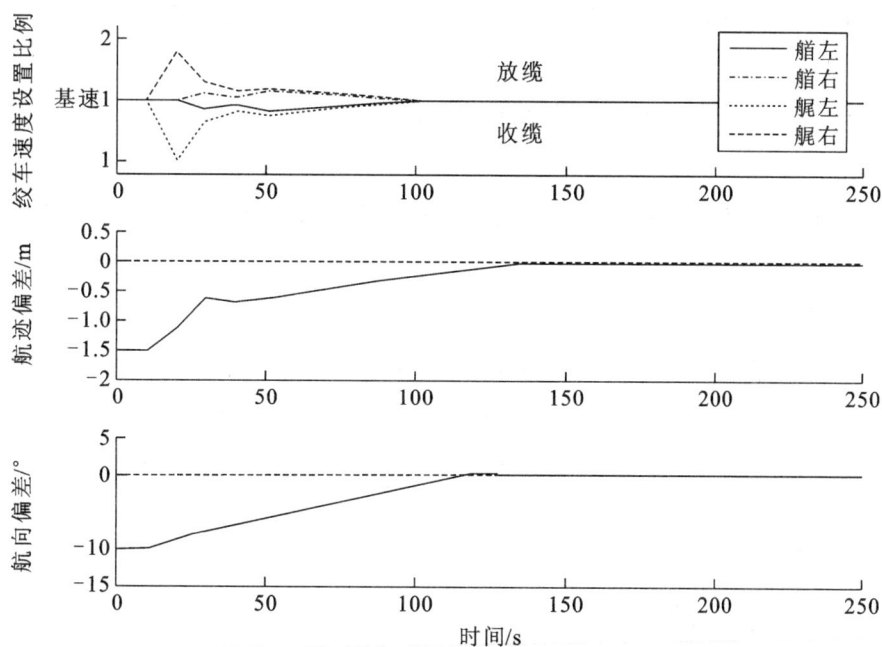

图 5-8   自适应控制系统的调整过程曲线 2(初始航迹偏差-1.5m,初始航向偏差-10°)

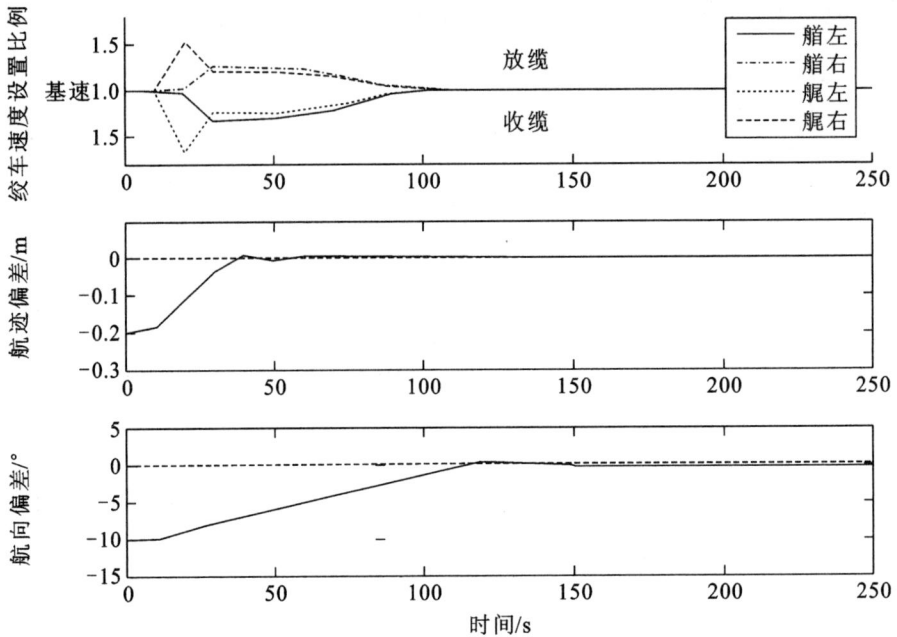

图 5-9　自适应控制系统的调整过程曲线 3(初始航迹偏差 −0.2m,初始航向偏差 −10°)

仿真结果分析:

① 多变量自适应控制网络能根据航迹、航向偏差及变化率,自动调整锚泊移船机构的各绞车的速度给定值,从而使船舶沿预定航迹移船,在移船过程中同时保持航向。

② 在移船过程中,控制网络输出的各绞车操作指令始终遵循"左收右放"的操作原则。

③ 在纠偏调整过程中,控制网络输出的各绞车速度大小存在差异,正是利用各绞车收放缆速度之差,使各绞缆作用于船舶的拉力所形成的合力发生变化,从而实现同时对航迹、航向的调整。

④ 在移船过程中,各绞车速度只有在调整阶段有明显的变化,当船位和航向调整至理想状态后,各绞车以几乎相同的基速运行,保证软体排的平稳铺设。

⑤ 如图 5-7~图 5-9 所示,初始偏差值越大,绞车速度变化越明显,调整过程越长。

5.5　本章小结

本章主要讨论了工程船舶航迹航向保持自适应控制器的设计与实现。

　　首先详细分析了自适应神经模糊推理系统的结构与参数学习算法,确定采用 ANFIS 设计工程船舶多变量自适应控制网络。在第 4 章基于模糊逻辑的工程船舶航迹保持控制器设计的基础上,建立了基于 ANFIS 的自适应航迹保持控制器网络模型。

　　然后,采用 QPSO 优化算法对自适应航迹保持控制网络的前、后件参数进行了优化设计。仿真实验结果显示,相对基于 Fuzzy 的航迹保持控制器,基于 ANFIS 的自适应航迹保持控制器的控制效果在动、静态性能方面均有提高。

　　本章建立了一个工程船舶锚泊移位系统位移和航向的综合模型,为多变量自适应控制器的设计提供了一个工程船舶锚泊移位系统的完整模型。基于 ANFIS 设计了多变量自适应控制网络模型,采用 QPSO 算法对该网络的多个参数进行优化设计。采用子网络并行学习的模式,使得网络优化训练过程简单、快速。

　　最后结合工程船舶施工实际状况,选取典型实例对该自适应控制系统进行了仿真实验。实验结果显示该控制网络能够满足工程船舶多目标控制要求。

6 工程船舶作业综合自动监控系统的研制

6.1 引 言

工程船舶是用于工程施工的专用船舶,一般为非自航船舶。我国的大多数工程船舶是由其他船舶改装而来,自动化作业程度普遍比较低。施工作业中,船舶效能的充分发挥在很大程度上还依赖于操作人员的技能,设备利用率和生产效率都较低。

自动化控制与智能监测显示技术是提高工程船舶施工质量和效能的重要手段,也是未来工程船舶技术发展的重要方向。自 20 世纪 80 年代以来,国外就开始利用微机对工程船舶作业信息进行采集和处理,辅助操作人员进行施工作业,进而实现工况的实时监测与控制[140,141]。国内对工程船舶作业工况监测及控制的研究比国外开展得晚,直到 20 世纪 90 年代才陆续有国内相关科研单位投入研究,起点相对较高[142-147],但在实现方式和集成度方面还做得不够完善,存在着综合化程度较低,外设通信方式较复杂等不足之处。

本章从锚泊移位型工程船舶作业综合监控的通用性需求出发,探讨工程船舶作业综合自动监控系统的总体框架,并对软、硬件设计中的关键技术进行详细分析。

6.2 工程船舶作业综合自动监控系统需求分析

工程船舶在施工作业过程中,自动监控系统需要实现设备状态监测、设备操控(手动/自动)、作业现场实时监视、故障报警与记录、施工数据查询与报表生成等功能。由此可见,其综合监控系统应具备下述功能:

① 施工控制功能:全船控制系统应实现三种作业模式,即机旁手动、远程集控和自控联动作业模式。机旁手动作业是指施工人员在甲板上,根据施工现场的实际情况及施工经验,通过设在甲板上的机旁操纵台由多人协调完成施工;远程集控作业是指操作人员在驾驶室,以上位监视系统提供的信息为参考,直接通过远程集

控操纵台上的相关手柄、按钮等装置进行施工操作;自控联动作业方式则是指通过自动监控系统设置的传感测量系统和上位自动监控软件,在基本无人干预的情况下,按预设施工计划自动完成作业任务,并保证达到质量指标。其中,机旁手动模式应具有最高优先级别,而自控联动作业模式代表工程船舶自动化与智能化程度。

②　监视功能:要求在驾驶室实时显示信息,包括设备工作状态信息、预定施工计划、船舶当前位置、移船速度及航向、实际移船轨迹、施工进度、施工质量、环境信息等。

③　故障实时报警及历史记录查询功能:实时监测各类设备的工作情况,出现异常及时报警并记录。施工作业过程中出现作业误差过大,如航向偏差或航迹偏差过大等,实时报警提示工作人员并记录作业情况,所有报警记录均能离线查询。

④　数据记录和管理功能:要求实时记录施工数据,如操作员登录信息、实际施工轨迹、故障报警信息等。所有记录均能离线查询,并按需要生成多种报表打印输出。

6.3　工程船舶作业综合监控系统总体设计

根据铺排船施工监控需求,作业综合监控系统主要由多传感器信息采集子系统、PLC 控制网络以及上位监控子系统构成。系统的结构框图如图 6-1 所示。

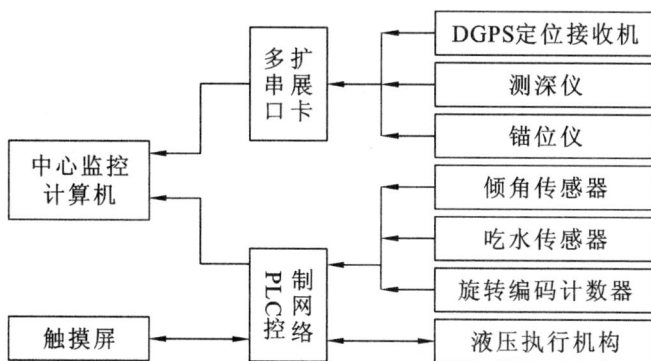

图 6-1　铺排船作业综合监控系统结构框图

多传感器信息采集子系统配置 DGPS 定位接收机、32 通道测深仪以及多种传感器用来检测锚位、船姿、滑板下放角度和土工布卷筒计数等多种信息。DGPS 定位接收机用于实现精确定位;测深仪和吃水传感器分别用来测量 32 个测量点处船底至河床底的距离以及船体吃水深度,融合定位信息可生成反映水下地形的数据网格;锚位仪用来测量 6 个锚的位置坐标,结合铺排船当前位置,粗略推算各锚的抛出方位和距离;3 个倾角传感器分别检测船舶纵、横倾角度和滑板下放角度;旋转编码计数器用来测量软体排下放长度。DGPS 定位信息、水深信息和锚位信息通过多串口扩展卡传到中心监控计算机;角度信息、吃水信息、施工长度信息和液压系统的动作信息经 PLC 控制网络送至中心监控计算机。

多源信息通过计算机融合处理后,一部分重要工作参数信息实时显示在显示器上。同时,系统依据多源实时信息,将经智能控制器处理得到的优化控制决策送至 PLC 控制网络,下达给液压执行机构,最终实现自控联动作业。

相对于人工作业模式,自动监控系统在施工效率和精度上有更好的要求,其中发挥核心作用的是智能控制器。操作人员根据施工工程的要求编制施工计划(预定工作线),自动监控系统通过多源传感器系统检测铺排船各类信息,经监控主机融合处理后形成铺排船当前的船位、船姿、速度、航向、施工区域水下地形等实时多源信息,智能控制器将当前信息与施工计划的偏差作为合理的控制输出量,经 PLC(可编程序控制器)控制网络送至液压机构执行动作,协调控制舯艉移船绞车、铺排卷筒机构动作,自动完成一个铺排周期。图 6-2 所示为该船自控联动作业的系统功能框架,整个系统为一个典型的闭环控制系统。

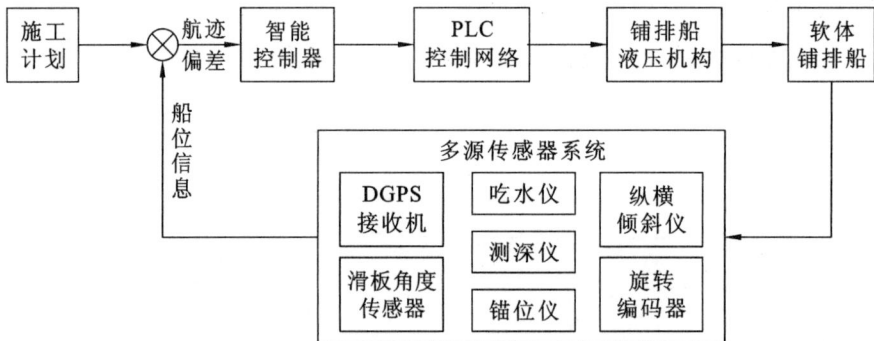

图 6-2 铺排船自控联动作业的系统功能框架

6.4 工程船舶作业综合监控系统具体实现

6.4.1 基于 DGPS 的船舶动态定位子系统设计

在工程船舶智能化发展的大趋势下,不得不提到高精度定位,如果定位不准确,那么接下来的施工将会付诸流水。GPS 定位系统(Global Positioning

System)是一种较精确、依靠卫星信号的定位系统。它受自然条件的影响较小，只要能够正常初始化便可以全天候工作，因而可大大提高船舶利用率和工作效率，使自动化程度提高，劳动强度降低。

工程船舶定位子系统设计需要满足如下需求：

① 由于工程船舶在施工过程中是运动状态，且船体运动涉及航迹和航向两方面因素，因此要求其定位系统能实时得到船姿信息并保证定位精度。

② 工程船舶参与的航道疏浚施工一般采用地方坐标系，而 GPS 定位系统接收机观测的定位数据是 WGS-84 大地坐标系的经纬度数据，因此需要将经纬度数据转变为指定的当地坐标系数据。

③ 工程船舶的施工任务不同，但实时高精度定位要求是实现作业自动化的基础，且基于 DGPS 的定位数据处理模式是相同的，因此工程船舶定位子系统应开发一个通用的数据处理模块，可广泛应用于各种工程船舶监控系统开发中。

6.4.1.1 工程船舶动态定位子系统组成

GPS 定位的方法是多种多样的，用户可以根据不同的用途采用不同的定位方法，依据不同的分类标准可大略作这样的划分：按用户接收机天线在测量中所处的状态来分，可分为静态定位和动态定位；按定位的结果来分，可分为绝对定位和相对定位[148]。各种定位方法可以进行不同的组合，如静态绝对定位、静态相对定位、动态绝对定位、动态相对定位等。在实际测量过程中，很少单独使用以上的某一种定位方法，而是根据施工特点选择各种定位方式的组合形式。目前，建筑工程和测绘领域应用最广泛的是静态相对定位，而某些动态工程领域则应用动态相对定位。在动态相对定位中，根据数据处理的方式不同，通常可分为实时处理和测后处理。数据的实时处理要求在观测过程中实时地获得定位结果，无须存储、观测数据，这种处理方式对于运动目标的导航、检测和管理具有重要意义。

为得到高精度、实时处理的船舶定位信息，工程船舶定位系统建议采用"1(基站)＋2(移动站)"RTK(Real-Time Kinematic)模式的 DGPS 技术。GPS基准站安置在施工地点附近精确的已知点位置，其同步观测的坐标信息与已知精确坐标比较，可求得该地区观测的误差修正值。船上配置两台 GPS 移动站，两台移动站的 GPS 接收机可分别放在船体基线的两端或是特定位置。施工过程中，工程船舶上的两台移动站的 GPS 接收机同步观测相同的 GPS 卫星，捕获到按一定卫星高度截止角所选择的待测卫星信号，可实时地计算出移动站的空间大地坐标位置(RTK 定位方式)。基准站确定的误差修正值通过电台发送至移动站，各移动站实时观测值经误差修正后，其定位精度可达厘米级。

如图 6-3 所示,在得到两个移动站的精确空间位置后,即可确定船舶基线端点的相对位置(基线向量 AB),由此可判断出船体的空间位置以及艏向。同时根据工程船舶尺寸和平面布置图,可实时计算出船舶任意关键点的实时动态坐标,为进一步实现船舶施工作业的智能控制提供准确的定位信息。

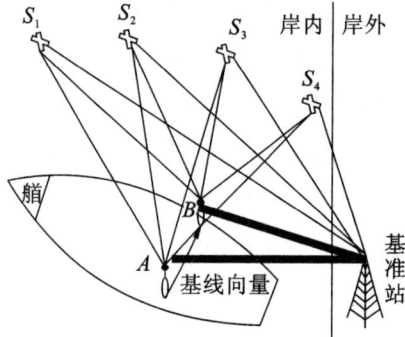

图 6-3　工程船舶"1+2"RTK 模式 DGPS 相对定位系统示意图

6.4.1.2　GPS 坐标转换

GPS 利用的是 GPS 卫星星历,而 GPS 卫星星历是以 WGS-84 大地坐标系为基础建立的,所以 GPS 使用的坐标系统往往是 WGS-84 坐标系统。而实际工程中主要使用 1954 年北京坐标系(BJ-54)或 1980 年国家大地坐标系(XA-80)的航测图或其他工作底图。因此需要设计 GPS 坐标转换模块将 GPS 接收机采集发送的 WGS-84 坐标转换为 BJ-54 坐标或 XA-80 坐标。

常用的坐标系有空间大地坐标系、空间直角坐标系和平面直角坐标系,不同坐标系统的转换,本质上是不同基准间的转换。不同基准间的转换方法有七参数转换方法、三参数转换方法以及四参数转换方法。其中,七参数转换方法属于一种三维空间坐标的转换算法,三参数转换方法又是七参数转换方法的一种特例,四参数转换方法则属于一种二维平面坐标转换方法。

坐标转换过程分为以下几个步骤[149],如图 6-4 所示。

(1) WGS-84 坐标系中大地坐标到空间直角坐标的转换

大地坐标系和空间直角坐标系为地球坐标系的两种表示方法,大地坐标系到空间直角坐标系的转换即经纬度(B,L)到空间直角坐标(X,Y,Z)的转换,转换公式如下:

$$\left.\begin{array}{l} X = (N+H)\cos B\cos L \\ Y = (N+H)\cos B\sin L \\ Z = [N(1-e^2)+H]\sin B \end{array}\right\} \tag{6-1}$$

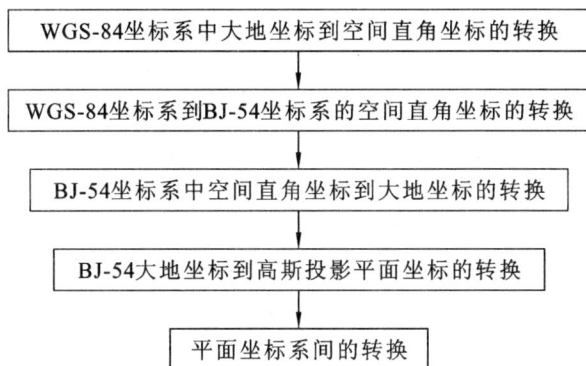

图 6-4 坐标转换过程示意图

式中,B,L,H 表示 WGS-84 坐标系下的大地直角坐标;X,Y,Z 表示 WGS-84 坐标系下的空间直角坐标;N 表示椭球的卯酉线(圈)曲率半径;e 表示椭球的第一偏心率。

若以 a,b 分别表示所选椭球的长半径和短半径,则有:

$$N = a/(1 - e^2\sin^2 B)^{\frac{1}{2}};$$

$$e = [(a^2 - b^2)/a^2]^{\frac{1}{2}};$$

WGS-84 坐标系所采用的椭球参数为:长半轴 $a = 6378137$,短半轴 $b = 6356752.3142$。

(2) WGS-84 坐标系到 BJ-54 坐标系的空间直角坐标的转换

BJ-54 坐标系是我国常用的国家大地坐标系,采用克拉索夫斯基椭球,椭球的 4 个常数与 WGS-84 坐标系不同,椭球的中心与地球质心不重合。两个坐标系的转换属于地方坐标系之间的坐标转换问题,采用精度较高的布尔莎七参数法完成此转换:

$$\begin{bmatrix} X \\ Y \\ Z \end{bmatrix}_{54} = \begin{bmatrix} \Delta X \\ \Delta Y \\ \Delta Z \end{bmatrix} + (1+K) \cdot \begin{bmatrix} 1 & \varepsilon z & -\varepsilon y \\ -\varepsilon x & 1 & \varepsilon x \\ \varepsilon y & -\varepsilon x & 1 \end{bmatrix} \cdot \begin{bmatrix} X \\ Y \\ Z \end{bmatrix}_{84} \tag{6-2}$$

式中,$(\Delta X, \Delta Y, \Delta Z)$ 为平移参数;$[\varepsilon x, \varepsilon y, \varepsilon z]$ 为旋转矩阵;K 为尺度参数。

(3) BJ-54 坐标系中空间直角坐标到大地坐标的转换

平面直角坐标是大地经纬度坐标经过平面投影得到的,因此得到 BJ-54 坐标系下的空间直角坐标后,为了使定位结果转换为平面直角坐标,需要将 BJ-54 坐标系的空间直角坐标转换为该坐标系下的大地坐标,转换公式如下:

$$\left.\begin{array}{l} L=\arctan(X/Y) \\ B=\arctan\{Z(H+N)/[\sqrt{X^2+Y^2}N(1-e^2)+H]\} \\ H=Z/\sin B-N(1-e^2) \end{array}\right\} \tag{6-3}$$

（4）BJ-54 大地坐标到高斯投影平面坐标的转换

高斯投影是地球投影的一种,将椭球上各点的大地坐标按照一定的数学法则,变换为平面上相应点的平面直角坐标,通常称之为地图投影。我国平面投影主要采用高斯投影,作为航道施工定位的大地点的坐标必须是平面坐标,因此需要将大地坐标转换为高斯平面直角坐标。

高斯坐标是一种正投影。其特点是:在同一点上各方向的长度比相同,但不同点上面的长度比随点位而异,且距中央子午线越远,长度变形越大。为了控制长度变形,将椭球面按一定的经度分为若干带。我国采用的是将中央子午线左右 3°或 1.5°划分为一带,即"六度带"和"三度带"。

需要注意的是,在工程测量应用时,测区面积较小,要求长度变形最小,此时应该选择测区中心经度作为中央子午线 L_0。

高斯投影正算公式为:

$$\left.\begin{array}{l} x=X_0+\dfrac{1}{2}Ntm_0^2+\dfrac{1}{24}(5-t^2+9\eta^2+4\eta^2)Ntm_0^4+\dfrac{1}{720}(61-58t^2+t^4)Ntm_0^6 \\[2mm] y=Nm_0+\dfrac{1}{6}(1-t^2+\eta^2)Ntm_0^2+\dfrac{1}{120}(5-18t^2+t^4-14\eta^2-58\eta^2t^2)nm_0^6 \end{array}\right\}$$

$$\tag{6-4}$$

式中,$t=\tan B$;$\eta^2=e'^2\cos^2 B$;$N=a/W$,$W=\sqrt{1-e^2\sin^2 B}$;$m_0=\cos Bl''/\rho''$。

经度差（到中央子午线的距离）:$l=L-L_0$

子午弧长 X_0 的值与采用的坐标系有关:

克拉索夫斯基椭球上（BJ-54 坐标系）

$X_0=111134.861B^0-16036.480\sin2B+16.828\sin4B-0.022\sin6B$

1975 年国际椭球上（XA-80 坐标系）

$X_0=111135.005B^0-16038.528\sin2B+16.833\sin4B-0.022\sin6B$

（5）平面坐标系间的转换

在一个椭球的不同坐标系中转换,根据施工方的不同要求可能会用到平面转换,现阶段一般分为四参数转换和平面网格拟合两种方法,其中四参数转换法在国内用得较多。

四参数转换又称平面转换,是一种降维的坐标转换方法。它考虑高斯平面

内的坐标 X 的平移分量(ΔX),坐标 Y 的平移分量(ΔY),尺度因子 m 以及旋转量 θ,计算公式如下:

$$\begin{bmatrix} X \\ Y \end{bmatrix}_{新} = \begin{bmatrix} \Delta X \\ \Delta Y \end{bmatrix} + K \cdot \begin{bmatrix} \cos\theta & -\sin\theta \\ \sin\theta & \cos\theta \end{bmatrix} \cdot \begin{bmatrix} X \\ Y \end{bmatrix}_{原} \tag{6-5}$$

式中,$[X,Y]_{新}^{\mathrm{T}}$ 表示待求的高斯平面直角坐标系坐标;$[X,Y]_{原}^{\mathrm{T}}$ 表示原高斯平面直角坐标系坐标。

值得指出的是,在只有 2 个已知点的情况下,对局部地区的平面坐标而言,四参数转换法优于七参数转换法。

6.4.1.3 GPS 坐标转换功能模块设计与调用

将 GPS 坐标转换计算过程设计生成一个可调用的动态链接库,便于日后移植在其他各种实际应用背景下顺利被继承。

(1) GPS 坐标转换流程设计

如前述 GPS 坐标转换计算分析,编制图 6-5 所示的 GPS 经纬度坐标到北京 54 坐标的参数转换流程。图中,BLH 代表空间大地坐标系、xyz 代表空间直角坐标系、XYH 代表平面直角坐标系。

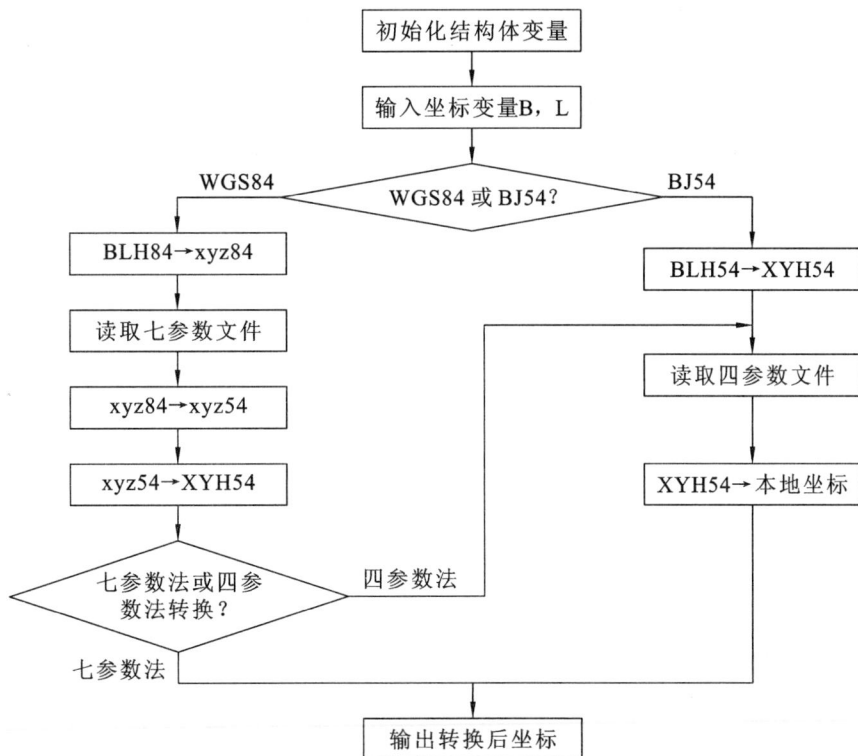

图 6-5 GPS 坐标七参数/四参数转换算法流程图

（2）GPS 坐标转换程序实现

GPS 坐标转换模块实现的硬件环境为微机环境，考虑到 C＋＋语言便捷的 API 函数继承，软件环境选为 Windows XP Professional 操作系统平台，Visual C＋＋ 6.0 程序开发环境。最后将该模块设计生成一个可调用的动态链接库，以便移植于其他各种实际应用背景下顺利被继承。

按照前述计算公式将各个转换过程编写成对应子函数程序，其中，BLH 代表空间大地坐标系、xyz 代表空间直角坐标系、XYH 代表平面直角坐标系：

BLHxyz(GeoCoor* BLH,Pxyz* xyz,short par)将经纬度转换为空间坐标，par 为坐标系；

xyzBLH(GeoCoor* BLH,Pxyz* xyz,short par)将空间坐标转换为经纬度，par 为坐标系；

xyz8454(Conpar* Conpar7,Pxyz* xyz84,Pxyz* xyz54)利用七参数法完成坐标转换；

BLtoXY(double L0,GeoCoor* GeoPoint,GausCoor* GausPoint,short par) 经纬度到平面高斯坐标的转换，L0 为中央子午线，par 为目的坐标系；

XY54WX(Conpars* Conpar4,GausCoor * XYH54,GausCoor * WX)BJ54 下的平面坐标转换到本地平面坐标上来。

（3）GPS 坐标转换模块的调用

监控主机经串行通信模块采集处理得到经纬度坐标，利用上述坐标变换的 DLL（动态链接库）函数，即可实时将经纬度坐标转换到对应的大地坐标。在 VB 程序环境中，首先定义 DLL 中所用到的所有变量：

```
Private Type GeoCoor       '大地坐标
…
End Type
Private Type GausCoor       '本地坐标
…
End Type
Dim L0 As Double       '子午线精度
Dim coorsys As Integer       '坐标系
Dim B As Double,L As Double,H As Double
Dim XL As Double,YL As Double,HL As Double
Dim GeoPoint As GeoCoor
```

Dim GausPoint As GausCoor

然后对 DLL(动态链接库)函数作如下声明后方可调用：

Public Declare Sub BLtoXY Lib "BLTOXY. dll" (ByVal L0 As Double,ByVal coorsys As Integer,ByRef GeoPoint As GeoCoor,ByRef GausPoint As GausCoor)'坐标转换动态函数声明,L0 为中央子午线,coorsys 为坐标系,GeoPoint 为经纬度坐标,GausPoint 为转换后的大地坐标。

坐标转换程序关键代码如下：

GeoPoint. b＝GPS1. Lat   '测点纬度

GeoPoint. L＝GPS1. Lon   '测点经度

BLtoXY L0,coorsys,GeoPoint,GausPoint '调用坐标转换动态函数,将测点经纬度转换为对应的大地横、纵坐标值

GPS1. Y＝ GausPoint. Y   '测点大地坐标 Y 值

GPS1. X ＝ GausPoint. X   '测点大地坐标 X 值

6.4.2 基于现场总线的 PLC 控制网络设计

6.4.2.1 工程船舶施工控制系统需求分析

根据施工任务及具体要求,工程船舶一般会配置由多种传感元器件构成的监测系统和对应的驱动执行机构(非自航工程船舶一般配置多台移船绞车实现移船),作为现场级监控的 PLC 控制系统要配合监控主机实现作业综合监控功能,需要具备如下特性：

① 多种作业模式并存。要求可实现三种独立的作业模式:机旁手动、远程集控和自控联动作业模式。

② 实时信息采集。根据工程船舶装配的多种传感器的接口特性,要求对应配置合适的输入接口,能实时采集各类现场设备的状态信息,保存并及时上传至监控主机。

③ 可编程控制功能。根据施工任务以及执行机构特性,可编写程序实现作业模式识别、操作指令分解、解锁与互锁保护设置等控制功能,并发送正确的输出信号至对应的执行机构,最终实现操控功能。

6.4.2.2 现场总线技术

现场总线是应用在生产现场、在微机化测量控制设备之间实现双向串行多节点数字通信的系统,也被称为开放式、数字化、多点通信的底层控制网络。它在制造业、流程工业、交通、楼宇等方面的自动化系统中具有广泛的应用前景。

现场总线技术将专用微处理器置入传统的测量控制仪表,使它们各自都具有了数字计算和数字通信能力。同时采用双绞线把多个测控仪表连接成网络系统,并按公开、规范的通信协议,在位于现场的多个测控设备之间、现场仪表与远程监控计算机之间实现数据传输与信息交换,形成各种适应实际需要的自动控制系统。简而言之,它把单个、分散的测控设备变成了网络节点,以现场总线为纽带,把它们连接成可以相互沟通信息、共同完成自控任务的网络系统与控制系统。现场总线技术给自动化领域带来的变化,正如众多分散的计算机被网络连接在一起,使计算机的功能、作用发生的变化。现场总线使自控系统与设备具有了通信能力,把它们连接成网络系统,加入信息网络的行列。现场总线充分体现了分布、开放、互联、高可靠性的特点。

虽然早在 1984 年国际电工技术委员会/国际标准协会(IEC/ISA)就开始着手制定现场总线的标准,但由于各个国家各个公司的利益之争,统一的标准至今仍未完成。很多公司也推出其各自的现场总线技术,但彼此的开放性和互操作性还难以统一。世界上存在着 40 余种现场总线,如法国的 FIP,英国的 ERA,德国西门子公司的 Profi Bus,挪威的 FINT,Echelon 公司的 LON Works,Phenix Contact 公司的 Inter Bus,Rober Bosch 公司的 CAN,Rosemount 公司的 HART,Carlo Gavazzi 公司的 Dupline,丹麦 Process Data 公司的 P-net,Peter Hans 公司的 F-Mux,以及 ASI(Actratur Sensor Interface),MOD Bus,SDS,Arcnet,基金会现场总线 FF:Field Bus Foundation,World FIP,Bit Bus,美国的 Device Net 与 Control Net 等。每种总线大都有其应用的领域,但划分也不是绝对的,每种现场总线都力图将其应用领域扩大,彼此渗透。

目前,现场总线技术的发展体现为两个方面:一个是低速现场总线领域的不断发展和完善;另一个是高速现场总线技术的发展。工业以太网的发展已使得越来越多的人希望以太网技术介入设备底层,广泛取代现有现场总线技术。施耐德公司就是该想法的积极倡导者和实践者,已有一批工业级产品问世并开始实际应用。但由于以太网还不能够真正解决实时性和确定性问题,大部分现场层仍然会首选现场总线技术。由于技术的局限性和各个厂家的利益之争,这样一个多种工业总线技术并存,以太网技术不断渗透的现状还会维持一段时间,控制系统可以根据技术要求和实际情况来选择所需的解决方案。

6.4.2.3　基于现场总线的 PLC 控制系统构成

根据需求分析,工程船舶施工自动控制系统采用基于 Profibus-DP 构建 PLC 控制网络。在艏、舯和艉分别设立三个 PLC 子站,在驾驶室(集控室)设 PLC 主站,向下通过 Profibus 与三个 PLC 子站进行数据交换,向上通过工业以太网(Ethernet)与设在集中控制操纵台上的中心监控计算机通信,由此构成一个完整的过程控制系统(PCS),如图 6-6 所示。

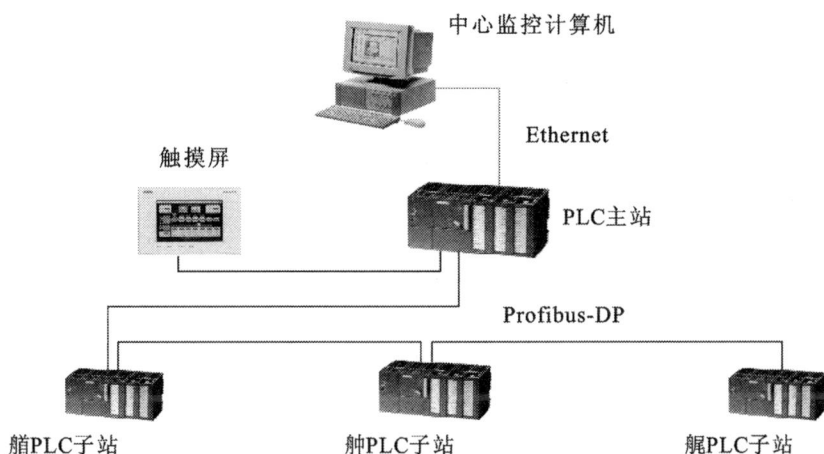

图 6-6 PLC 控制网络结构图

主站和子站可选用同一品牌的 PLC 系统产品,PLC 各子站中均编写 PLC 控制程序,实现对现场设备状态信息的采集,以及输出对应机构操作命令。艏、艉和舯的机旁操纵台通过船用通信电缆与相对较近的 PLC 子站进行联络,实现机旁手动作业。

PLC 主站主要实现系统组态,远程集控操纵板和监控主机通过主站与 PLC 子站之间进行通信,从而实现远程集控和自控联动作业。

在集中控制操作台上,可选配一块触摸显示屏,与集中控制操纵台的 PLC 主站相连,可方便地实现 PLC 控制网络的工作状态实时显示、故障报警及信息查询等功能。

6.4.3 基于可视化技术的实时监控软件设计

6.4.3.1 自动监控软件总体框架

不失一般性,工程船舶自动监控软件总体功能框架如图 6-7 所示。整个监控软件功能包括以下四个主要部分:

(1)实时数据采集

通过对应的通信功能模块,实时采集多源传感器检测系统的现场检测数据,以及实现与 PLC 控制网络的数据交换。

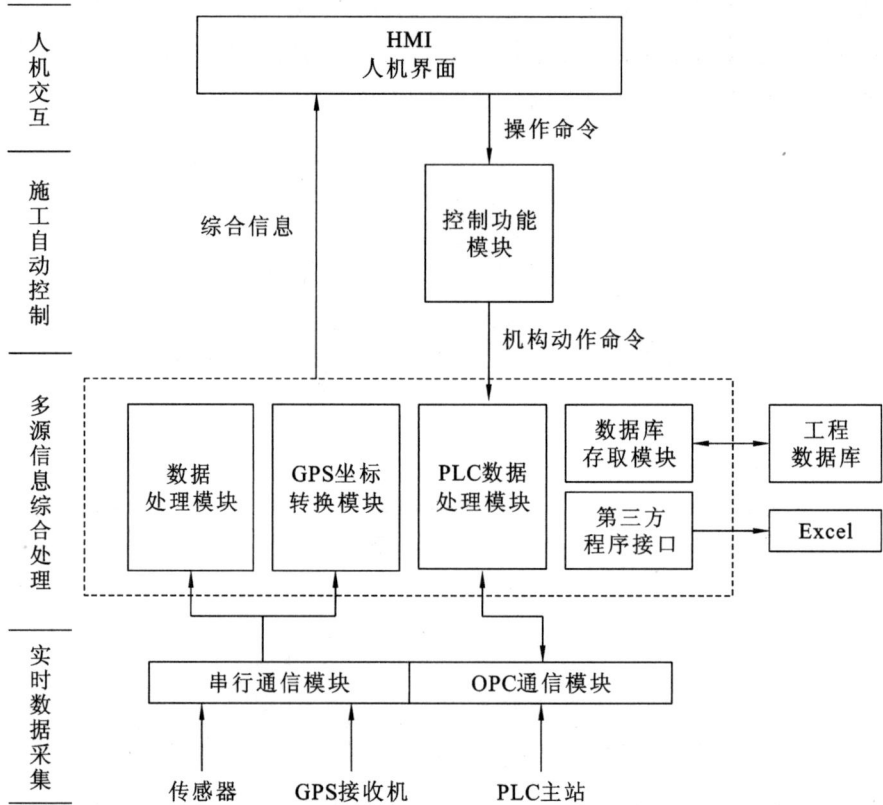

图 6-7　监控软件总体功能框架图

（2）多源信息综合处理

对实时采集的多源数据进行融合处理,得到船位、船姿、设备运行状态等现场综合信息。

建立工程数据库,通过数据库存取模块实时记录施工数据,如实际施工轨迹（船位信息）、环境信息、设备故障报警信息等。基于工程数据记录,实现施工作业信息、设备故障报警、操作记录等多种信息查询功能。

第三方程序接口实现监控软件与其他应用程序的数据交换,如通过与 Excel 程序的接口可按需要生成多种 Excel 报表,并打印输出。

（3）施工自动控制

利用程序实现基于智能算法的模块化控制。根据任务设定,控制功能模块自动生成移船绞车机构动作指令,发送至 PLC 控制网络实现施工作业的自动控制功能。

（4）人机交互

人机交互界面 HMI（Human Machine Interface）,为操作人员提供一个友好的人机交互接口。操作人员实时了解船位、船姿、施工轨迹、设备运行状态等信息。操作人员通过人机交互界面,可实现输入 GPS 坐标转换参数、船舶尺寸等施工参数,发送施工作业控制命令,信息查询等多种人机交互功能。

整个监控软件采用 Windows 2000 作为支撑平台,以 Visual Basic 6.0 或 Visual C++等可视化软件作为软件开发工具,应用 Microsoft Access 创建工程数据库。

基于可视化的实时监控软件框架,信息综合处理、施工控制以及人机交互功能模块的开发将在第 7 章中结合工程实例进行详细阐述。数据采集模块包括两种采集方式,一种为 RS232 串行通信方式,另一种为基于 OPC(OLE for Process Control)协议的通信方式。这两种数据采集接口方式具有通用性,在此详细介绍对应接口模块的开发。

6.4.3.2　串行通信模块设计

以 GPS 信号采集为例说明串行通信模块设计流程。GPS 的输出数据格式分为两大类:十进制 ASCII 码和二进制码,其中以 ASCII 码的 NEMA-0183 格式使用最为普遍,它是由美国国家海洋电子协会制定的 GPS 统一标准通信格式,它规定了海用和陆用 GPS 接收设备输出的定位位置数据、时间、卫星状态和接收机状态等数据格式。

在开发应用中,不需要了解 NEMA-0183 通信协议的全部信息,从中挑选出需要的部分定位数据,其余的信息可忽略。本书所涉及的 NEMA-0183 语句是从起始符"♯BESTPOSA"到终止符"⟨CR⟩⟨LF⟩"为止的一段字符串,如果和卫星通信正常,可以接收到的数据格式如下:♯BESTPOSA,⟨1⟩,…,⟨16⟩,…,⟨31⟩,*hh。报文格式具体含义解析如表 6-1 所示。

表 6-1　GPS 报文格式解析

数 据 位	数 据 内 容
♯BESTPOSA	接收 GPS 语句的起始符
,	域分隔符
⟨1⟩	串行通信端口号
⟨2⟩~⟨10⟩	可忽略信息
⟨11⟩	解状态信息

续表 6-1

数 据 位	数 据 内 容
〈12〉	纬度信息
〈13〉	经度信息
〈14〉	高程信息
〈15〉～〈31〉	可忽略信息
*hh	校验符

　　系统设计需要掌握的信息是经纬度、经纬度方向、GPS 定位状态和接收信号的时间。当接收到一个完整的 NEMA-0183 语句时，提取有用信息的方法是：先判定起始符♯BESTPOSA 的位置，从起始符开始读入数据，再通过异或校验后的语句中寻找字符"，"，然后截取前后两个"，"之间的字符或字符串以获得所关心的数据。在提取的 GPS 语句中，可通过找寻经纬度所在的逗号位置的方法，读出经纬度坐标，再将经纬度坐标进行度数的转换。

　　计算机从串口读取数据有多种方法，WIN32 下串口通信程序可以用以下两种最基本的方法实现：使用 MSComm 控件或使用 API 通信函数。使用 MSComm 控件，程序实现简单，结构清晰；使用 WIN32 串口通信函数则相反，在编程实现上比较复杂，但灵活性较好。

　　MSComm 控件提供了事件驱动和查询法这两种方法来处理串口通信。本书采用 MSComm 控件的事件驱动通信方式，每当有新字符到达，或端口状态改变，或发生错误时便触发 OnComm 事件。应用程序在捕获该事件后，通过检查 MSComm 控件的 CommEvent 属性可获知所发生的事件或错误类型，从而采取相应的操作。在 OnComm 消息处理函数中加入相应的处理代码，用来判断是否为所需要的定位数据，并做出相应的处理。图 6-8 所示为 GPS 信息接收模块流程图。

　　使用 MSComm 通信控件，首先建立与串行口的连接，即通过设置 MSComm 通信控件的 CommPort、PortOpen 和 Settings 属性来打开串行端口，然后进行数据采集。RTK 双频 DGPS 移动站主机输出的典型数据帧采用串行通信协议，即 1 个起始位"♯"、1 个停止位（回车符）、无校验位，比特率为 9600bps，而且数据块长度不定。因此，程序中建立命名为 Comm1 的串行控件负责采集 GPS♯1 号接收机的数据，其控件初始化程序段落如下：

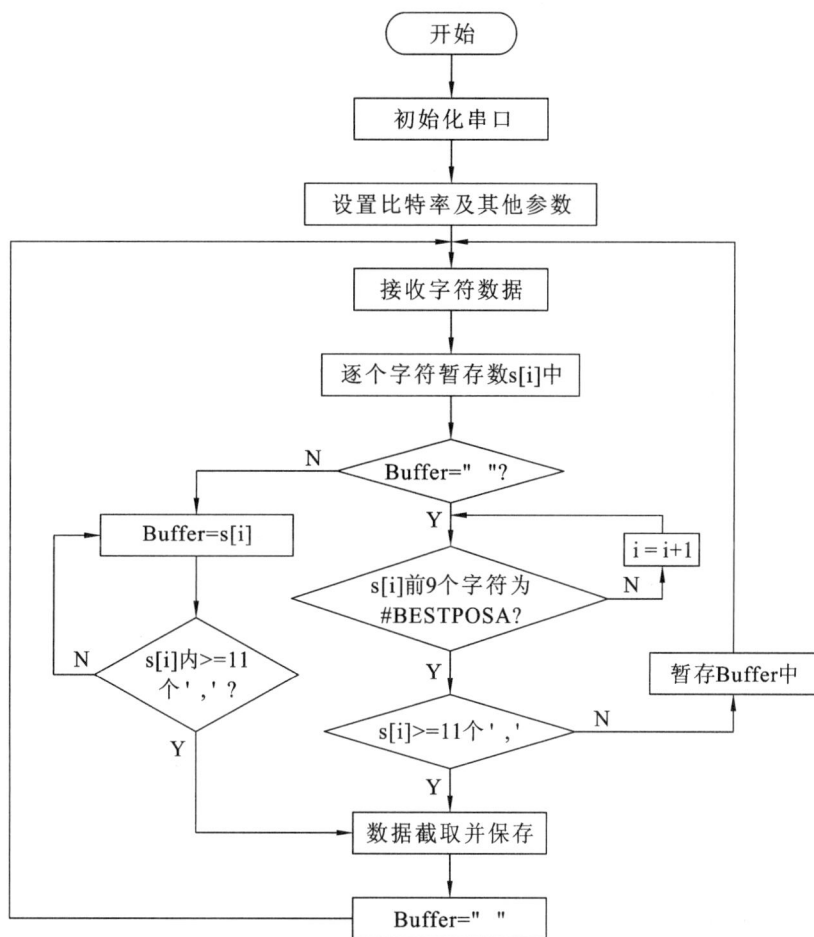

图 6-8 GPS 信息接收模块流程图

Comm1. CommPort＝1	'设置串口 1 作为 GPS♯1 移动站数据接收端口
Comm1. Settings＝"9600,N,8,1"	'设置通信协议
Comm1. InputLen＝0	'读取接收缓冲区全部内容
Comm1. PortOpen＝True	'打开串口
Comm1. RThreshold＝1	'接收缓冲区每收到一个字符对应控件即产生 OnComm 事件

根据串口初始化的定义,接收缓冲区收到一个字符将触发 Oncomm 事件,在其事件过程中采集数据,其关键程序代码如下:

Buffer＝Comm1. Input   '读取缓冲区内字符

If Buffer＝"♯"Then   '若接收到起始位,则置标志位并记录该字符

　　　　GPS1receiveready＝True

　　　　GPS1Data＝GPS1Data＋Buffer

　　End If

　　If GPS1receiveready＝True And Buffer＝Chr $ (13)Then

　　　　'若接收到停止位,则清标志位并将整条数据帧送数据变量保存

　　　　GPS1receiveready＝False

　　　　GPS1DataOk＝GPS1Data

　　　　GPS1Data＝""

　　End If

6.4.3.3　OPC 通信模块设计

　　OPC 的概念是由 Fisher Rosemount 公司于 1995 年首次提出的,其中文含义是"过程控制中的对象链接和嵌入技术"。它借用了 Microsoft 的 OLE(Object Linking and Embedding,对象的链接和嵌入技术)和 COM(Component Object Model,部件对象模型)/ DCOM(Distributed Component Object Model,分布式部件对象模型)技术,并应用于过程控制中。它为过程控制和工业自动化领域提供了一套标准的接口、属性和方法,是实现控制系统现场设备级与过程管理级信息交换,并实现控制系统开放性的关键技术。

　　本系统中监控主机既为 OPC 服务器,又是 OPC 的客户端。OPC 服务器软件一般不需用户自己开发,本系统中安装西门子通信软件 Simatic. NET 作为 OPC 服务器,利用驱动程序与 PLC 主站中的以太网通信模块 CP243-1 建立 TCP/IP 通信通道,同时实现 PLC 实时数据与标准 OPC 协议间的转换。

　　利用 OPC 服务器提供的自动化接口(Automatic Interface),利用 Visual Basic(包括 Excel/VBA)等高级语言编写 OPC 客户端程序访问 OPC 服务器。 OPC 客户端访问 OPC 服务器进行数据交互可以有两种不同方式,即同步方式和异步方式。

　　① 同步方式:读写过程中,客户端先向服务器发出读/写请求,然后等待服务器返回"完成"信息。客户程序可以从设备或缓存同步读取数据。这种方式比较简洁,但是对于复杂客户,采用同步方式进行读写就会严重影响性能和效率。

　　② 异步方式:异步读写是客户端向服务器发出读/写操作请求,服务器在接受请求后向客户端返回一个应答,表明请求已经被接受。当服务器真正完成读/写操作后,它就通过客户端的 IOPCDataCallBack 接口向客户端返回回调 (Callback)信息。回调信息中包含了操作的事务 ID 和实际操作的结果(例如读

取到的数据或写操作的结果)。异步读写的一种特殊方式是订阅(Subscription),在这种方式下服务器会定期检查缓存区中的数据,如果发现数据与上次扫描时相比其变化幅度已经超过了有效阈值(Dead-Band,以百分比来表示),就会自动向客户发出变化通知。

以 VB 开发平台为例,OPC 客户端程序开发包括以下几个基本步骤:

(1) 安装 OPC 自动化接口服务

上位监控计算机上安装 Simatic. NET 后,在系统目录下出现文件 sopcdaauto. dll,可提供 OPC 自动化接口服务,但在使用前必须先引用。在 VB6 设计环境中,点击"工程"子菜单下"引用...",在弹出的对话框中选中"Siemens OPC DAAutomation 2.0"项,点击"确定"按钮,这样才能使用自动化接口服务。

(2)连接 OPC 服务器,创建组对象并添加数据项

本例中使用的 OPC 服务器名为"OPC. SimaticNET"。若事先不知道 OPC 服务器名,可使用专用的 OPC 软件,如使用 Simatic. NET 自带的 OPC Scout 搜索本机已注册的所有 OPC 服务器,或使用 OPC 接口提供的 GetOPCServers 方法进行搜索。

OPC 客户端访问 OPC 服务器进行数据交互采用订阅访问方式,因此需要用关键字 WithEvents 声明对象类的变量,这样后面才能触发组事件(DataChange)来获取实时数据。关键程序代码如下:

```
Private WithEvents MyOPCServer As OPCServer
Private WithEvents MyOPCGroups As OPCGroups
Private WithEvents MyOPCGroup As OPCGroup
Dim MyOPCItems As OPCItems
'创建 OPC Server 对象
Set MyOPCServer＝New OPCServer
```

'连接 OPC 服务器。空字符代表本机。若需连接网络中的 OPC 服务器,则需增加 DCOM 配置,同时""中加入远程计算机名即可。

```
MyOPCServer. Connect "OPC. SimaticNET",""
'创建组集合对象
Set MyOPCGroups＝MyOPCServer. OPCGroups
'添加组名为 Group1 的组对象,可根据需要添加多个组对象
Set MyOPCGroup＝MyOPCGroups. Add("Group1")
'设置组的更新速率(单位为毫秒)
```

```
MyOPCGroup. UpdateRate＝500
'创建数据项对象
Set MyOPCItems＝MyOPCGroup. OPCItems
ItemCount＝8      '添加数据项数量,根据访问量而定
ReDim ItemIDs(ItemCount)
ReDim MyClientHandles(ItemCount)
    ItemIDs(1)＝"S7:[S7 connection_1]Q0.0,1"
    ItemIDs(2)＝"S7:[S7 connection_1]Q0.1,1"
    '添加符合 OPC 服务器语法要求的项名
    ItemIDs(8)＝"S7:[S7 connection_2]Q0.3,1"
For i＝1 to ItemCount
    MyClientHandles(i)＝i      '设置数据项的句柄
Next i
```

'一次性向组对象中添加数据项标签(包括数据项数量、项名、句柄),并返回服务器句柄和服务器报错信息

```
MyOPCItems. AddItemsItemCount,ItemIDs,_MyClientHandles,MyServerHandles,Errors
```

'启动数据订阅功能,否则后文 DataChange 事件不能触发

```
MyOPCGroup. IsSubscribed ＝True
```

'激活状态,准备收发数据

```
MyOPCGroup. IsActive ＝True
```

(3) 采用异步订阅(Subscription)方式实时读取数据项

对 OPC 数据项的读取可以通过 MyOPCGroup 组的 DataChange 事件来读取。该事件有多个参数:其中 NumItems 是指数据项标签改变值的个数;ClientHandles 是改变值的标签索引;ItemValues 为改变值的数据;Qualities 为改变值的品质;TimeStamps 为改变值的更新时间。可以根据需要读取对应数据项的成员变量参数。

一般来说,OPC 连接刚建立时,该事件会把全部要访问的 OPC 数据项值全部读取过来(顺序不一,通过 ClientHandles 索引),此后只有数据发生变化时才会触发该事件,也只会传输发生了变化的数据,没有变化的数据不会出现在本事件的 ItemValues 中。因此,当有大量客户和大量数据交互时,数据订阅方式能最大限度地节省 CPU 和网络资源。

```
Public Sub MyOPCGroup_DataChange(ByVal TransactionID As Long,
ByVal NumItems As Long,ClientHandles() As Long,ItemValues() As
Variant,Qualities() As Long,TimeStamps() As Date)
    Dim i As Integer
    For i=1 To NumItems
    '获取数据项的值
    Readval(ClientHandles(i)).Text=ItemValues(i)
    '获取数据项的品质
    If Qualities(i) And &HC0 Then
    ReadQuality(ClientHandles(i)).Text="Good"
        Else
    ReadQuality(ClientHandles(i)).Text="Bad"
        End If
    '获取数据项的时间戳
    ReadTS(ClientHandles(i)).Text=TimeStamps(i)
    Next i
    End Sub
```

（4）采用同步写方式将操作命令写于对应的数据项

同步写数据方法比较简单,直接使用 OPCItem 的 SyncWrite 方法即可。

```
ReDim wrItemValues(ItemCount_w)
ReDim wrServerHandles(ItemCount_w)
Dim i As Integer
'准备要写的数据 value 设置给数组,个数根据实际应用确定
For i=1 To ItemCount_w
    wrItemValues(i)=value(i).Text
    '设置服务器句柄
wrServerHandles(i)=MyServerHandles(i)
Next i
'同步写数据
MyOPCGroup.SyncWrite(ItemCount_w,_ wrServerHandles,wrItemValues,
Errors)
```

（5）断开 OPC 连接，释放系统资源

OPC 客户端连接后要占用服务器资源，所以如果长时间不需要使用 OPC 读写数据，则应及时断开 OPC 连接以释放资源。

```
MyOPCGroup. IsActive＝False       '断开连接状态
'删除数据项标签
MyOPCItems. Remove ItemCount,MyServerHandles,Errors
Erase Errors            '清空 OPC Error Array
Erase ItemIDs           '清空 OPC ItemIDs
MyOPCGroups. RemoveAll       '删除所有的数据组
MyOPCServer. Disconnect       '断开 OPC server 连接
'释放资源
Set MyOPCItems＝Nothing
Set MyOPCGroup＝Nothing
Set MyOPCGroups＝Nothing
Set MyOPCServer＝Nothing
```

（6）错误处理

在 OPC 操作过程中，可能引发多种异常，要编写健壮的程序，就需要进行错误处理。OPC 自动化接口服务可返回服务器错误信息（Errors）数组保存，因此在每个涉及 OPC 操作的过程和函数中加上 Visual Basic 错误处理代码"On Error Go To"或"On Error Resume Next"。考虑程序的可重用性，可编写一个完善的错误处理过程，供所有错误出口调用。

6.5　本章小结

本章主要讨论了工程船舶作业综合自动监控系统的设计与实现。在简要分析了工程船舶作业综合自动监控功能需求的基础上，提出了系统总体设计方案。该系统综合应用了 PLC 控制网络技术、GPS 定位技术、多传感器信息融合技术、智能控制技术、现场总线技术、OPC 通信技术、工业以太网通信技术等先进的技术与手段。对系统的硬件构成、软件实现的通用性问题进行了详细的分析。

7 工程应用实例——软体铺排船

7.1 引 言

目前,长江口深水航道治理工程构筑于长江航道水下的导堤、丁坝、潜堤,其主体结构堤身下都是用软体排进行护底。一般以机织布与无纺布针刺复合而成的土工布作为软体排的母材,既有足够的强度,又能达到较好的护底效果。软体排铺设船(以下简称铺排船)是航道整治工程中铺设土工布软体排的专用设备,其主要工程难点是如何将结构形式不同、平面尺寸极大的柔性排体在水下铺展就位,确保护底作业的施工质量[1,2,132]。

本章在介绍并对比了国内外软体铺排船应用情况的基础上,针对我国国情及长江中下游航道治理工程的实际需要,将基于模糊逻辑和 QPSO 改进优化算法的航迹保持控制系统应用于软体铺排船控制系统中,设计了铺排船综合作业自动监控系统设计方案。结合 22m 排宽和 40m 排宽的铺排船工程应用实例,详细地分析了该自动监控系统的硬件构成,软件功能框架、重要模块开发的关键技术,以及优化改进设计。实际工程的应用效果表明,铺排船自动监控系统可实现实时定位、自动纠偏、综合作业监控的功能,适应于内河航道整治工程的需要,并大大提升了该类型工程船舶作业的自动化程度。

7.2 软体铺排船国内外应用概况

图 7-1 所示为国外著名的水下软体排铺设工程——荷兰的东谢尔德(Eastern Scheldt)闸工程。该闸墩底部和闸室的上下游用不同形式的软体排进行保护,软体排由土工织物、砂、石和混凝土块组合而成,每块排体面积为 $200m \times 42m$,施工总面积达 $5 \times 10^6 m^2$,总质量为 5000t。施工用软体排均在加工厂中预制,然后用直径 10m、长度42.5m 的浮筒在专用码头进行卷绕,再用特种工程船运送到施工现场,最后利用专用铺排船将软体排准确地铺设在海底的工程位置上。这种工艺仅运用于水深较深的区域,工程中使用的铺设船如图 7-2

所示,船体大,施工速度缓慢,且工程造价高昂。但该船的自动化程度非常高,整个铺设作业都能自动完成,因此对施工人员的操作技术水平要求也较高[133,134]。

图 7-1　荷兰东谢尔德(Eastern Scheldt)闸工程

图 7-2　荷兰 Cardium 工程铺设船示意图

　　国内较著名的铺排工程是长江口深水航道治理工程,是我国当今水运交通项目中投资额最大、技术含量高的航道治理工程,其目的在于开发、开放上海浦东,从而进一步开发、开放长江沿岸城市,把上海建成国际经济、金融、贸易的中心,带动长江三角洲和整个长江流域地区经济发展。

　　该工程从 1998 年 1 月 27 日正式开工,到 2010 年 3 月 14 日三期工程全线贯通,历时 12 年、耗资 150 多亿元打造出一条全长 92.2km、水深 12.5m、底宽 350～400m 的双向"水上高速通道",如图 7-3 所示。这不仅是迄今为止中国最大的水运工程,也是世界最大的河口整治工程。该工程的护底结构设计均采用土工布软体排,软体排的压重形式有砂肋压载、硅联锁块压载以及块压载三种[135-137]。

　　由于该工程水域受地理位置的制约,具有水深不一、风大、浪高、流向和流速多变、河口水流受长江径流和潮汐的双重影响等特点。就我国国情而言,应用Cardium 型工程铺设船的经济成本太高,荷兰的施工工艺显然不能适应长江口水域。由上海船舶设计院主持研制的长江口深水航道治理工程软体排铺设船如图 7-4 所示。

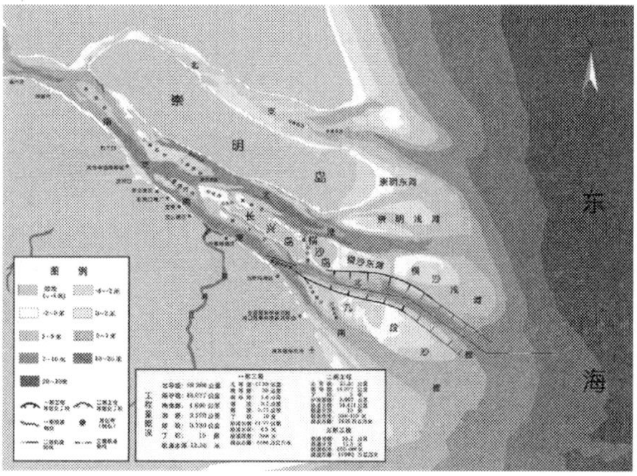

图 7-3 长江口深水航道治理工程示意图

图 7-4 长江口深水航道治理工程软体排铺设船

长江口铺排船船长 70m，船宽 20m，型深 4.2m，最大铺排宽度为 40m。考虑到经济性及后续应用，船体为一个具有配重 3000 吨级的远洋甲板驳，铺排工程结束后该船可投入远洋拖带业务中。铺排作业设备主要由移船绞车、卷筒、导梁、翻板及其他附属机构组成。在铺排过程中，应用 GPS（Global Positioning System，全球定位系统）技术对排体定位和铺排过程进行监控，做到实时动态管理。

该铺排船在长江口深水航道治理工程中发挥了重要作用，但其铺设过程仍然是采用机旁手动模式，人工协调各移船绞车收放缆速度，从而实现移船与定位，但并没有真正实现铺排作业的自动化。

长江中下游航道治理工程主要是护堤、丁坝修建工程，由长江航道局支持建造，湖南益阳船厂、武汉南华工业设备工程有限公司和武汉理工大学多家单位联合研制的"渝工排1号"于2004年年底正式完工并投入使用,是当时内河航道治理工程中应用技术最新的一条工程船舶。该船总长60m,型宽18m,型深3.2m,软体排布宽度为22m,作业水深范围1.5～14m,如图7-5所示。

图7-5　铺排船"渝工排1号"

该铺排船主要由移船绞车机构、卷筒机构、翻板机构和其他附属机构等组成,施工作业系统全部采用液压驱动,控制系统采用基于Profibus-DP现场总线的PLC控制网络,配置了综合监控系统,可实现自动铺排方式作业。

在"渝工排1号"铺排船成功研制的基础上,2006—2009年,研究团队相继参与了"长雁1号"、"长雁2号"、"长雁8号"40m铺排船的研制工作,这一系列铺排船均配置了铺排自动监控系统,施工实践证明了该系统具有良好的可靠性和稳定性。

武汉航道工程局"长雁1号"是当时国内铺排宽度最大(40m)、精度最高、作业深度变化范围最大和最广的江海两用铺排船。重庆航道工程局"长雁2号"是在"渝工排1号"与"长雁1号"铺排船的基础上优化而成的,进一步扩大了铺排作业的适应范围。宜昌航道局"长雁8号"(图7-6)是国内首艘按照适应长江航道顺水流铺排作业设计的40m大型铺排船,除能够实现集中手动控制作业外,还可利用全智能控制系统实现全自动控制作业,设计铺排精度误差不超过2cm。与同级别铺排船相比,该船最大优势在于它能在水深1.5～20m、流速0～2.5m/s的条件下进行顺水铺排。

2010年年初,新闻媒体对该船给予了较高的评价,称该船的成功建造,将为今后的长江航道大规模整治建设、长江中下游航道安全畅通发挥重要作用。

总体而言,软体排铺设船目前在航道治理工程方面得到了广泛应用,国内铺排船的自动化程度低于国外水平,在此方面的研究还有很大的空间。如前所述,国内铺排船在经济性、成本等各方面要优于国外铺排船,但其自动化程度较低,究其原因,与船舶操纵方式有直接关系。国外如Cardium型的工程船舶均为带自航能力的船舶,而国内铺排船均为非自航能力的锚泊移位类型的船舶。

图 7-6 铺排船"长雁 8 号"

7.3 22m 排宽软体铺排船作业综合自动监控系统设计

重庆航道工程局 22m 排宽铺排船"渝工排 1 号"是内河航道治理工程中首条具备自动放排功能的工程船舶。该船为非自航箱形结构,是一条典型的锚泊移位型工程船舶。该铺排船的船型参数以及装备布设在 2.4.1 节中有详细介绍,在此不再赘述。

7.3.1 系统需求分析

软体铺排船的施工工艺流程可分为以下几步:

第一步,铺排施工预案准备。根据施工地段的河床地貌测量图,在中心控制系统计算机上编制施工预案,对照施工区域范围确定各个控制点的大地坐标、每块排布的中心线数据,作为中心控制系统的施工、检验、矫正依据。

第二步,船舶定位。各抛舷、舰锚两个中的一个和四口边锚,通过设于船上首尾的两套差分 GPS 系统和岸上的一套差分 GPS 系统进行定位,获取抛锚位置及船舶位置,使船舶精确定位于第一块软体排铺设的地域,即滑板前缘位于第一块软体排的下放线。

第三步,土工布的卷绕及土工布的对接。土工布由预制厂做成所需的长度和宽度,由运输驳船运到该船侧,利用船上的克令吊把驳船的预制布捆吊到船甲板上的堆货场,启动土工布卷筒将土工布全部卷于卷筒上。一般情况下,施工工作线的长度大于单条排布的长度,在施工前应计算好所需要铺设的排布的长度,将多条排布对接起来满足施工需要。

第四步,铺排头并确定主、副滑板角度。排布的首端要绑定一些水泥压梁,当排头沉入水底后增加排布的摩擦力,防止把排布往后拖拽。绑有水泥压梁的排头是通过下放滑板,凭借自身重力下滑到水底的。滑板的下放角度一般根据当地水深确定,滑板若沉到水底,则船舶将不能往前行走。

第五步,软体排制作。根据施工河段的情况,可制作系袋软体排、沙肋软体排、硅软体排、混凝土联锁块软体排,进行铺设作业。

第六步,软体排铺设。根据水深、软体排形式的不同,软体排的铺设可分为主动放排(大水深、重质排)和被动放排(小水深、轻质排),主动放排和被动放排均可通过自控联动放排、集控台手动放排、机旁操纵台手动放排三种方式进行。

第七步为定位调整循环作业。

最后一步就是施工质量过程监测。

铺排船主要由移船绞车机构、卷筒机构、滑板机构和其他附属机构等组成。施工作业系统全部采用液压驱动。根据对铺排船作业实况的分析,其移位智能系统应具备下述功能:

① 智能移船控制功能:利用锚泊移位智能控制器实现移船过程的多条锚缆的协调控制,保证铺排船沿预定工作轨迹移船铺排。

② 施工控制功能:可实现机旁手动、远程集控和自控联动三种独立的铺设作业模式。

③ 监视功能:要求在驾驶室实时显示的信息包括预定施工轨迹、船舶当前位置、移船速度及航向、实际移船轨迹、施工进度、施工质量(软体排重叠度)、施工区域水下地形变化趋势和环境信息(风速、风向)等。

④ 故障实时报警及历史记录查询功能:实时检测液压系统的工作情况,出现异常(如油温过高、油压过高等)及时报警并记录。施工作业过程中出现航向偏差或航迹偏差过大、剩余土工布不足时,实时报警并提示工作人员记录。所有报警记录均能离线查询。

⑤ 数据记录和管理功能:要求实时记录施工数据,如操作人员登录信息、实际施工轨迹、故障报警信息等。所有记录均能离线查询,并按需要生成多种报表打印输出。施工结束后能离线绘制铺设完工图纸。

7.3.2　自动监控系统体系结构设计

根据施工作业监控要求,设计该船自动监控系统的硬件结构如图 7-7 所示。

系统由多源传感器检测系统、PLC 控制网络、通信网络、上位监控系统构成,可实现机旁手动、远程集控、自控联动三种作业方式。

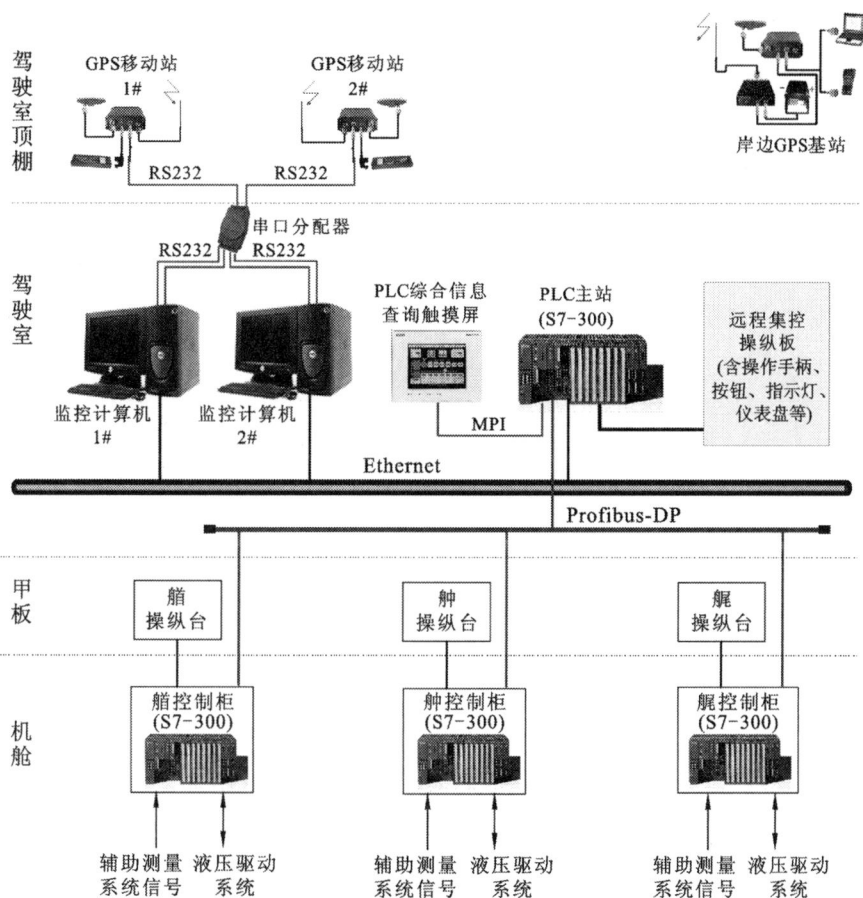

图 7-7 软体铺排船自动监控系统硬件结构框图

（1）机旁手动作业

甲板上设置三个机旁操纵台,施工人员通过操纵台上的手柄、按钮等元器件发出命令,对应的 PLC 控制柜执行输出动作,驱动对应的执行机构工作。机旁操纵台上可通过仪表和指示灯等监视对应的 PLC 控制柜采集设备的运行状态及报警信息。

（2）远程集控作业

驾驶室的驾控台上设置远程集控操纵板,施工人员发送的动作指令经 PLC 主站下发至对应的 PLC 子站,程序控制输出单元动作驱动对应的执行机构工作。通过仪表和指示灯等元器件,操作人员可实时监视全船设备的运行状态及报警信息。

（3）自控联动作业

驾驶室设置集中监控主机,根据施工工程的要求编制施工计划(预定工作线),同时通过多源传感器系统检测铺排船各类信息,经监控主机处理后形成铺排船当前的船位、船姿、速度、航向、施工区域水下地形等实时多源信息。智能控制器采用基于模糊逻辑的航迹保持控制器,根据当前船位信息与施工计划的航迹偏差,经模糊推理得到4台移船绞车的收放缆速度和卷筒放布速度作为控制器的输出量,经PLC(可编程序控制器)控制网络送至液压机构执行动作,协调控制艏左、艏右及艉左、艉右4台移船绞车和铺排卷筒机构动作,自动完成一个铺排周期。图7-8所示为该船自控联动作业方式系统功能框架,整个系统为一个典型的闭环控制系统。

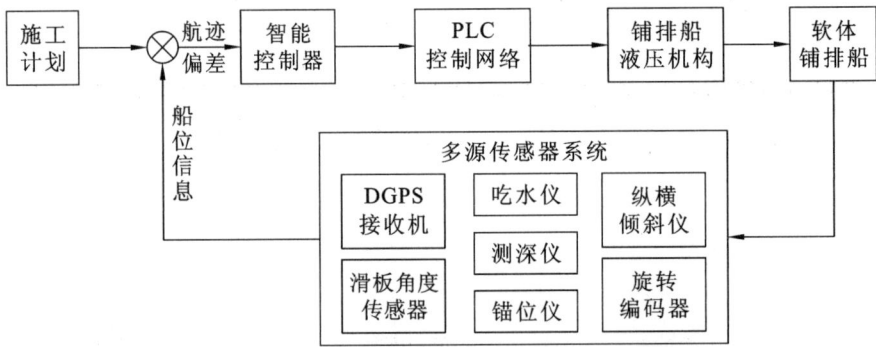

图 7-8　铺排船自控联动作业方式系统功能框架

7.3.3　系统硬件构成

7.3.3.1　多源传感器检测系统

多源传感器系统包括:

(1) DGPS 定位装置

GPS 定位系统是一种较精确、依靠卫星信号的定位系统。它受自然条件的影响较小,只要能够正常初始化便可以全天候工作,因而可大大提高船舶利用率和工作效率,使自动化程度提高,劳动强度降低。由于工程船舶在施工过程中是运动状态,且船体运动涉及航迹和航向两方面因素,为实时得到船位信息并保证定位精度,该船定位系统采用"1(基站)＋2(移动站)"RTK(Real-Time Kinematic)方式的 DGPS(Dynamic Global Positioning System,差分全球定位系统)技术。

GPS 基准站安置在施工地点附近精确的已知点位置,将其同步观测的坐标信息与已知精确坐标比较,可求得该地区观测的误差修正值。船上的两台 GPS 移动站同步观测相同的 GPS 卫星,实时计算出移动站的空间坐标位置。基站确定的误差修正值通过电台发送至移动站,各移动站实时观测值经修正后,定位精度可达厘米级。

采用 DGPS 定位仪的功能主要可以辅助完成以下方面:

① 船舶初始定位。在每幅排布的起始区域,船舶的首次定位都要求比较精确,以保证水底铺出的相邻两块排的重叠度在预计的精度范围之内,从而确保较好地完成预定区域的施工作业任务。

② 船舶移船定位。在铺排的过程中,实时反馈船位,操作人员手动或由自控联动控制器自动控制移船机构,修正铺排轨迹。

③ 测量移船速度。在计算机的辅助下,由 DGPS 定位仪可以得到艏、艉在某一时间段内各自的移船距离,从而得到较精确的艏、艉各自的移船速度。通过调节艏、艉各自的移船速度,进而达到艏、艉移船距离一致、平行移船的目的。

(2)多通道测深仪

该船配置有两套 16 通道测深仪,即主测深仪和检测测深仪。该测深仪是一种多通道回波测深仪,实时采集排布宽度范围内的断面水深,水深数据与 GPS 定位数据相融合,可形成待铺排区域水下数据网格,可为施工人员提供水深变化趋势信息。

(3)锚位仪

各锚缆绳的张角对自控联动控制量有影响,故需实时了解各张角的变化情况。锚位仪由六个单点定位 GPS 接收机组成,通过监控主机定时呼叫的方式来了解抛锚点坐标信息,再结合实时采集的铺排船当前坐标位置信息得知张角变化情况。

(4)四角吃水仪

四角吃水仪由四个安装在铺排船四角的压力传感器构成,实时检测铺排船四角吃水情况,由此判断船体倾斜状态。

(5)纵横倾斜仪

安装于机舱内,实时检测铺排船纵横倾斜角度和四角吃水信息,融合处理后得到当前船姿信息。

(6)主、副滑板角度传感器

在主、副滑板边沿安装的角度传感器。根据机械工艺要求,滑板角度在 $-70°\sim+90°$ 范围内变化,实时采集主、副滑板角度信息,并及时报警。

(7)卷筒旋转编码器

安装于卷筒导梁处,在排布下放过程中,移动的排布带动编码器旋转,PLC

输入模块采集计数脉冲,通过监控主机计算可得卷筒放排速度信息,并累计放排长度。

7.3.3.2 PLC 控制网络

全船施工自动控制系统采用 6.4.2 小节提出的基于现场总线的 PLC 控制网络。在艏、舯和艉甲板上设置三个操纵台,分别对应机舱内三个 PLC 子站;在驾驶室(集控室)设 PLC 主站,向下通过 Profibus 现场总线与三个 PLC 子站进行数据交换,向上通过工业以太网(Ethernet)与设在集中控制操纵台上的中心监控计算机通信,由此构成一个完整的 PLC 控制网络。

主站和子站均采用西门子 S7 系列 PLC,PLC 各子站中均编写 PLC 控制程序,实现对现场设备状态信息的采集,以及输出对应机构操作命令。艏、艉和舯的机旁操纵台通过船用通信电缆与相对较近的 PLC 子站进行联络,实现机旁手动作业。

PLC 主站主要实现系统组态,远程集控操纵板和监控主机通过主站与 PLC 子站之间进行通信,从而实现远程集控和自控联动作业。

在集中控制操作台上,专设有一块触摸显示屏,通过多点接口(MPI:Multiple Points Interface)与集中控制操纵台的 PLC 主站相连,用于显示 PLC 控制网络的工作状态、故障报警及信息查询。

采用触摸技术方便操作人员及时了解当前船体姿态、控制信息、报警信息以及进行必要的触摸屏系统设置。采用西门子专用开发软件 Protools 进行触摸屏应用设计,主界面如图 7-9 所示。点击上端的相应按钮,将进入不同的信息界面。

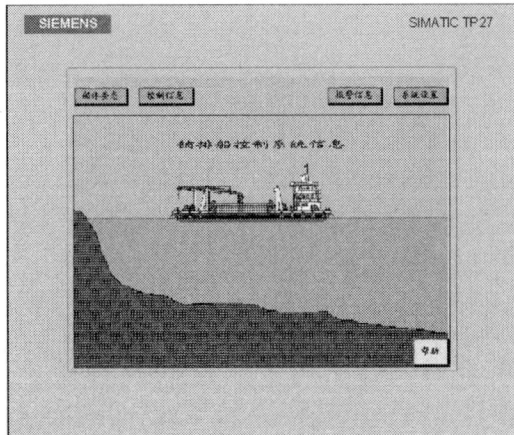

图 7-9　触摸屏主界面

点击"船体姿态",切换到船体姿态界面,如图 7-10(a)所示。在该界面可看到船舶四角吃水值、纵横倾斜值以及主(副)滑板角度值,由此可知船舶当前姿态。点击"控制信息",切换到控制系统界面,如图 7-10(b)所示。在该界面可了解艏、舯、艉三个 PLC 子站的操作模式(机旁手动、远程集控、自控联动)以及各控制手柄的收放情况。

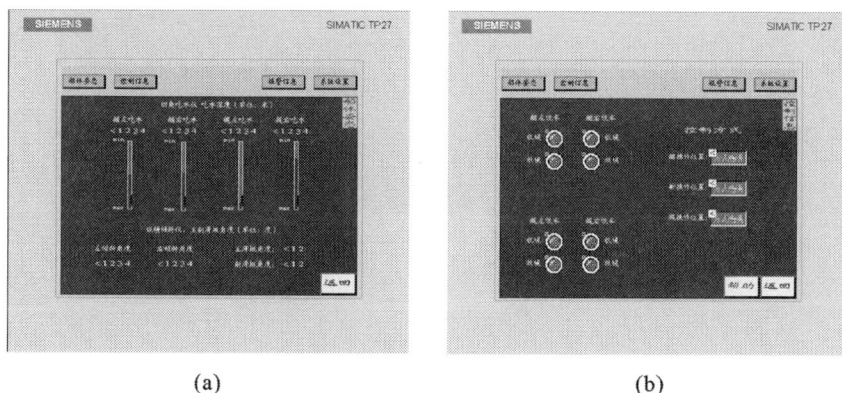

(a)　　　　　　　　　　　　　　　　(b)

图 7-10　船体姿态界面

(a)船体姿态显示界面;(b)控制信息界面

7.3.3.3　上位监控系统

为保证系统的可靠性,上位监控系统设置了两台互为备用的监控主机。上位监控系统直接通过串口采集 GPS 定位信息,通过以太网与 PLC 网络系统通信,采集现场设备状态信息。自动监控软件实现数据的综合处理、状态监控、船位自动纠偏、数据管理等功能,软件设计的关键点将在 7.3.4 节中详细介绍。

7.3.3.4　通信网络

本系统中综合应用了串行通信、现场总线和以太网通信技术。

DGPS 定位系统、锚位仪和多通道测深仪设备都只能提供串行通信信号,因此上位监控主机通过多串口卡实时从对应设备中采集数据。

PLC 主、从站之间采用的是 Profibus-DP 现场总线。现场总线是将自动化最底层的现场控制器和现场智能仪表设备互连的实时控制通信网络,20 多年的发展使其成为现代自动化监控领域大规模应用的一项通信技术,其通信速率最快可达 12Mbps,保证整个 PLC 控制网络的实时性和可靠性。

PLC 控制网络与上位监控系统之间采用的是以太网技术。以太网以其开放性、高速传输、成本费用低廉等优点,在其发展的 20 年中得到了极为广泛的应用,已经成为一种主流技术。目前在构筑信息高速公路、企业信息系统和智能建筑中都无一例外地应用高速以太网[138]。

7.3.3.5　驾驶室集控台

铺排船集控室中放置铺排船中心控制装置——集中控制操作台,如图 7-11 所示。

图 7-11　集中控制操作台实物图

在集中控制操作台上主要有以下部分:

① 3 台主控计算机:加固型工业控制计算机、实时显示施工区域水深的计算机、实时显示船舶位置的 GPS 计算机;

② PLC 控制网络主站及触摸显示屏 1 台;

③ 控制系统配电单元、UPS 电源 3 台;

④ 控制板:自控联动作业控制板、艏控制板、舯控制板和艉控制板;

⑤ 其他:包括船舶常规广播扩音机、雾笛控制器、工作柴油机组泵报警单元等设备。

7.3.4　作业综合自动监控软件开发

7.3.4.1　自动监控软件总体框架

根据软体铺排船作业综合自动监控系统的功能需要,监控软件开发采用在 6.4.3 节提出的功能框架的基础上,增加了对应具体施工功能需求的功能模块,如图 7-12 所示。

(1) 施工预案制作模块

软体排敷设前需要根据工程部要求预先设计好船舶移动轨迹,即施工预案。一般工程部施工前仅提供一份 AutoCAD 的图纸,并标注需铺设软体排的区域坐标。施工预案制作模块将提供一个人机接口,便于技术人员输入待铺设软体排的区域坐标,然后根据软体排搭接宽度要求自动生成铺排船的运动轨迹,并保存在工程数据库。施工过程中,该预案移船轨迹作为智能控制模块的输入参数。

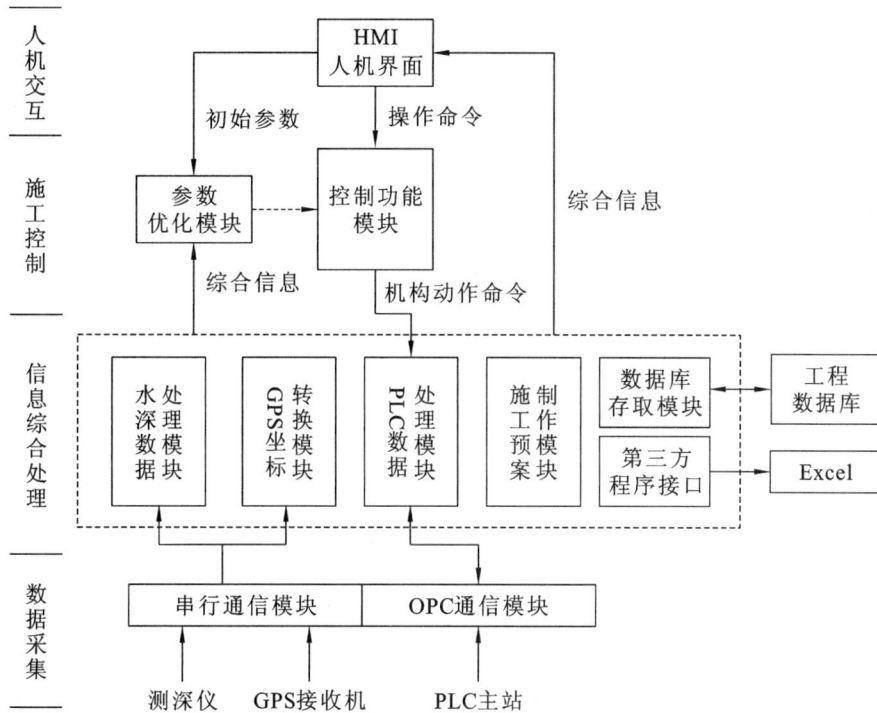

图 7-12 监控软件模块信息处理及流向图

（2）水深数据处理模块

该船配置有两套 16 通道测深仪，即主测深仪和检测测深仪。测深仪输出串行接口数据，监控软件需实时采集测深仪数据，并与 GPS 定位数据相融合，形成待铺排区域水下数据网格，为施工人员提供水深变化趋势信息。

（3）参数优化模块

该船舶智能控制模块采用基于模糊逻辑的航迹保持器控制算法，根据航迹偏差，控制功能模块自动生成移船绞车机构动作指令，发送至 PLC 控制网络实现施工作业的自动控制功能。当设备、环境等参数发生变化时，基于 QPSO 改进算法的模糊控制器参数优化训练模块，可在制排过程中离线优化模糊逻辑控制器参数，保证施工精度。

整个监控软件采用 Windows 2000 作为支撑平台，以 Visual Basic 6.0 作为软件开发工具，应用 Microsoft Access 创建工程数据库。数据采集层的两种接口模块设计已在 6.4.3 节中详细介绍，下文将详细说明其他几个重要功能模块的设计要点。

7.3.4.2　控制功能模块设计

设计初期，控制器采用第 4 章介绍的基于模糊逻辑的航迹保持控制器，在施工过程中当一次移船距离较远时，在预定航迹的中间部分采用模糊逻辑控制器协调控制 4 锚联动可以达到较好的定位效果,但在移动距离两端控制器的纠偏功能不是很理想。究其原因,如图 7-13 所示,在移船过程中由于对主缆不进行收放控制,工程船舶将在主缆的拉力作用下沿弧线移船。因此在长距离移船过程中,距离中心位置越远,航迹偏差将逐步增大,单纯依靠 4 锚联动的移船作用难以达到定位精度的要求。

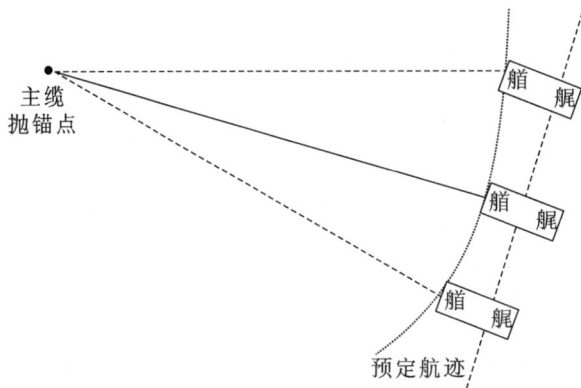

图 7-13 铺排船主缆作用效果示意图

在原有控制器的基础上,增加一个主缆收放的比例控制器来解决这个问题。如图 7-14 所示,当航迹偏差超过一定范围时,则停止横向移船(即 $v_1 \sim v_4 = 0$),同时利用比例控制器确定艏艉主缆的收(放)速度(v_5、v_6),快速减小航迹偏差到指定的范围内;当航迹偏差在指定范围内时,则采用模糊逻辑控制器确定 4 个移船绞车的收(放)缆速度($v_1 \sim v_4$),此时艏艉主缆不动作($v_5 = v_6 = 0$)。

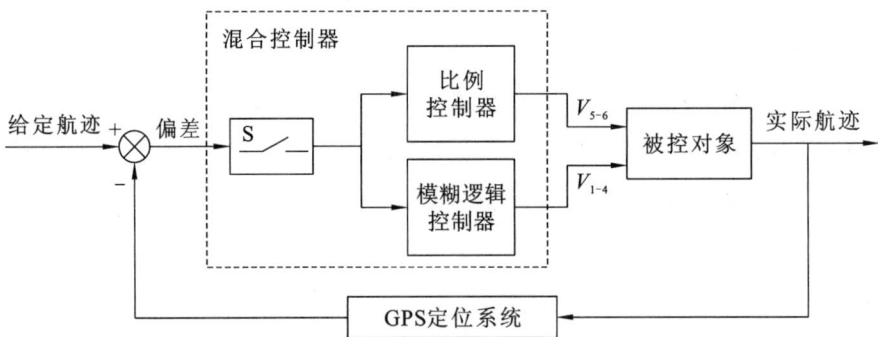

图 7-14 基于比例-模糊逻辑控制器的铺排船控制系统结构示意图

铺排船的施工作业分为人工制排和联动铺排两个过程,锚泊移船机构为非连续工作方式。以"渝工排 1 号"铺排船为例,其工作台面为 $9m \times 22m$,人工制排需要约 30min 时间。联动铺排阶段,系统自动记录控制器输出以及船舶实际航迹;利用所记录的实际数据,在人工制排时间段内首先采用 3.4 节中介绍的基于 QPSO 算法的位移模型优化方法对锚泊移船系统参考模型进行优化辨识,再基于该参考模型采用 4.4 节中介绍的基于 PSO 算法的模糊控制器优化设计方法对铺排船模糊控制参数进行优化。

考虑系统计算量以及实时性等因素,应事先设计控制规则表并以.ini 文件形式存储。系统初始化时读入控制规则参数,铺排作业过程中根据控制器输入参数以及控制规则参数,确定输出参数。控制器参数优化后对应修改控制规则表中的参数,并存储。

7.3.4.3　施工预案制作模块设计

当铺排船在进行施工作业前,施工方一般需要设计一套施工预案,这套预案针对所要施工的区域或地点而设计,包括施工地点区域坐标、施工所采用的排布类型、排布长度、排布宽度、两块排布之间的重叠度等。所有这些数据都需要在施工前采集并输入监控系统中,本系统提供了一套十分方便的预案制作软件,在该软件中制作完成的施工预案可以直接使用在监控过程中。图 7-15 所示为施工预案制作界面,包括工具栏、参数输入区和图形显示区三个部分。

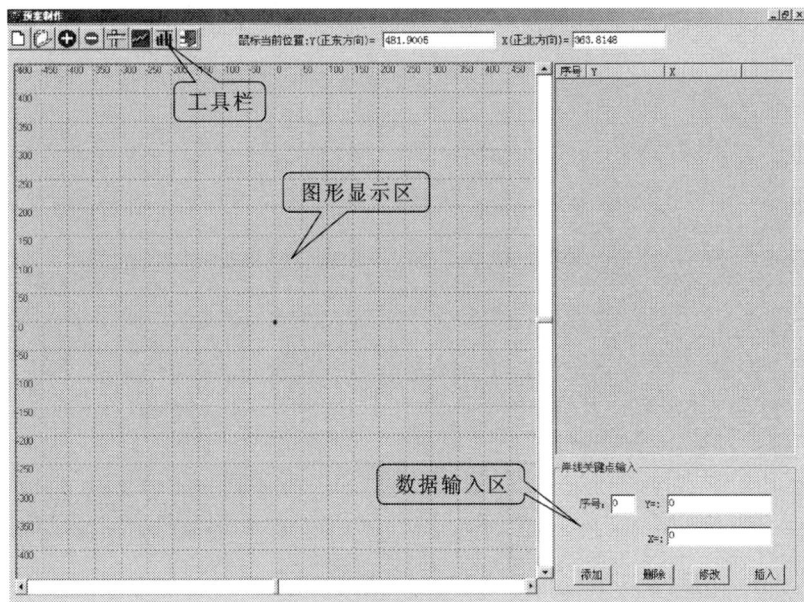

图 7-15　施工预案制作界面

(1) 工具栏

如图 7-16 所示,工具栏提供新建工程、图形化操作等命令的快捷方式,图形化的显示易于操作者识别。鼠标移动并停留在工具栏上任一按钮,能显示该按钮功能提示信息。

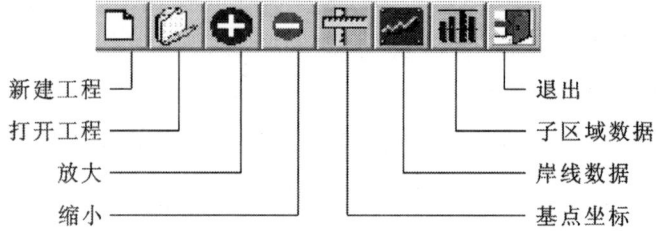

图 7-16　施工预案制作工具栏

（2）参数输入区

用于输入施工总体方案的相关参数，并用列表的方式显示。

进行施工总体方案设计之前，首先根据铺设软体排岸线的形状，选取若干个岸线关键点，用 GPS 定位这些点的工程坐标值并记录，该数据将作为施工总体方案设计中要使用的岸线数据。然后，将整个施工区域划分为若干个子区域。划分的标准为同一子区域内的排起始位置基本在一条直线上，排宽、铺设长度和设计重叠度相同。对于每一个子区域，根据拟铺设顺序，分别记录各子区域沿岸线的两端点的工程坐标值以及该子区域软体排类型、排宽、计划铺设长度和设计重叠度。

（3）图形显示区

图形显示区中有网格坐标显示，主要用于显示施工总体预案的设计效果，如图 7-17 所示。图中稍细的线条就是铺排船每幅移船的预设轨迹线。

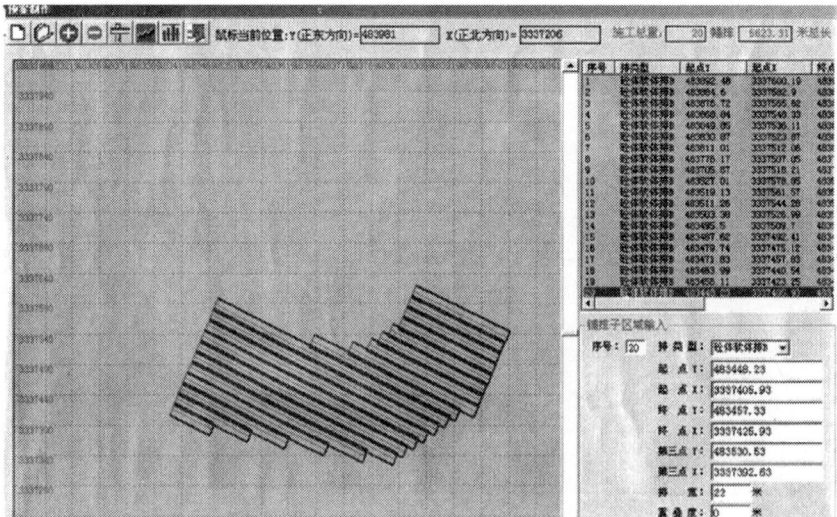

图 7-17　图形显示施工预案效果

在图形显示区右侧和下端有滚动条,方便用户根据需要拖动画面。

当鼠标在图形显示区移动时,在主界面上方将随鼠标位置的变化,显示鼠标当前位置的工程坐标,如图 7-18 所示。

鼠标当前位置:Y(正东方向)= 500089.8　　　　X(正北方向)= 3320950

图 7-18　鼠标当前位置参数显示

通过该施工总体方案设计系统,根据用户输入的参数,自动生成施工方案,并以数据库的形式保存。将生成的数据库复制到工控机监控软件和 GPS 定位监控软件安装路径下的对应文件夹里,作为施工指导。

7.3.4.4　水下地形监测模块设计

该船配置了两套 16 通道测深仪,其中主测深仪从第 43 号肋位到第 88 号肋位(跨度 22.5m),平行于卷筒并距船左舷 1.5m,间隔 1.5m 均匀安装,用于实时测出每一测深点的较精确的水深,并将所测得的数据通过串行通信线传输给计算机系统;8 通道艉检测测深仪从第 42 号肋位到第 49 号肋位(跨度 3.5m),平行于卷筒并距船左舷 1m,间隔 0.5m 均匀安装;8 通道艏检测测深仪从第 82 号肋位到第 89 号肋位(跨度 3.5m),平行于卷筒并距船左舷 1m,间隔 0.5m 均匀安装。16 通道检测测深仪用于实时测出软体排边缘部分每一测深点的较精确的水深,并将所测得的数据通过串行通信线传输给计算机系统,以便与铺排前的相同区域水深进行比较,通过软件处理可计算铺排重叠度,也可得出铺排质量好坏的结论。

32 通道测深仪安装于土工布卷筒导梁下方,覆盖区域为软体排排宽,靠近船左舷,而制作好的软体排是顺着船右舷侧的滑板入水,因此,在平行移船施工过程中,测深仪测得的不是软体排将要着落河床处的水深数据。如果以实时采集的水深数据为依据铺设软体排,势必会造成偏差,解决这个问题的方法是将测深仪和 GPS 结合使用。

测深仪的安装位置是固定的,因此可根据两个 GPS 移动站测点的实时坐标推算各测深仪探头的实时坐标位置,结合此时测深仪测得的水深数据即可得到当前测深仪下方水深断面数据。以船舶移动距离为单位近似等距记录各断面数据,则构成施工区域水深的数据网格。

如图 7-19 所示,设测深仪探头安装位置与软体排着落河床处的距离为 l,它是随滑板下放角度而变化的。在滑板处安装有角度传感器,检测滑板下放角度为 θ,θ 值由艏部 PLC 子站模拟量模块采集,经 PLC 主站上传至计算机系统。显然，$l=$制排工作面长＋滑板长度×$\cos\theta$＋软体排悬链线长。

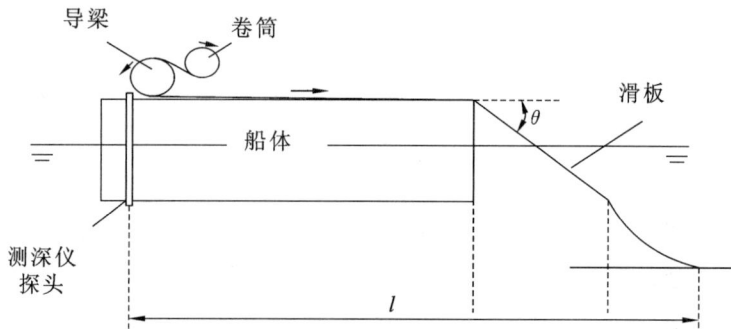

图 7-19　铺排船测深示意图

根据施工最大移船速度 5m/min 的要求，取 $\Delta x=1.5$m 为数据网格间距，则从当前断面线起向后取 $N=\mathrm{Int}(l/\Delta x)+1$ 组断面线所构成的水深数据网格正好反映了待铺设软体排的水下地形变化趋势。

监控软件中设计了水下地形监视界面，如图 7-20 所示。界面分成四个显示区：左上为正视图，显示测深仪正下方水深断面线；右上为侧视图，显示待铺设的软体排中心水下地形变化趋势线；左下为俯视水下地形三维显示区；右下为水下地形三维侧视显示区；鼠标拖动滑块可调整水下地形观测角度。

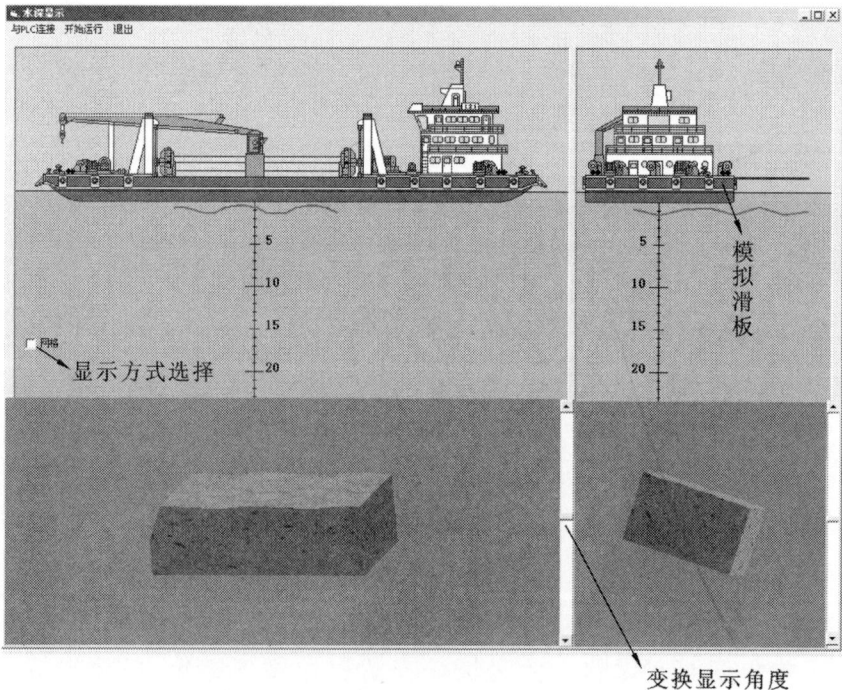

图 7-20　水下地形监视主界面

水下地形的显示分两种方式:一种为网格显示方式,在此方式下,仅将由测深仪获得的水深数据不加渲染以网格的方式显示出来;另一种为地形地貌显示方式,在此方式下把由测深仪获得的水深数据,进行差补等算法处理,经渲染显示出水下地形地貌。两种方式的显示效果如图 7-21 所示。主界面中的网格复选框即可实现两种显示方式的切换。

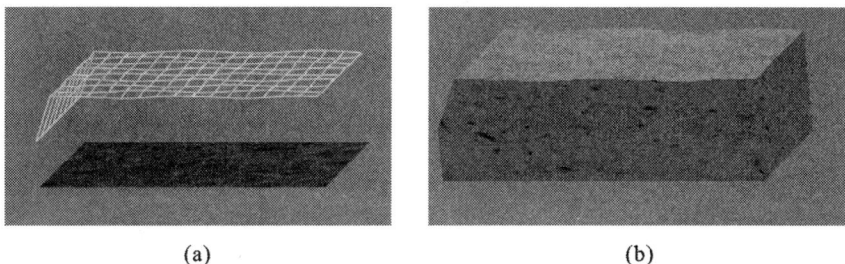

(a)　　　　　　　　　　　　(b)

图 7-21　水下地形显示效果

(a)网格显示效果;(b)渲染显示效果

水下地形三维显示是利用 VB 调用三维显示控件实现的。该三维显示控件非 VB 自带,而是基于 OpenGL 自行开发的三维图形显示专用控件。有了三维显示,操作人员可直观地了解待施工区域水下地形变化趋势,以此指导操作人员发出正确的移船速度指令。这一功能也使得施工前不需事先对水下地形进行扫测。

7.3.4.5　基于 VB 的作业综合监控人机界面设计

监控系统登录成功后,系统主界面如图 7-22 所示。在系统的主界面上,分六个区域实现综合信息的监视和铺排作业自控联动控制功能。

(1)菜单栏

监控系统可实现的功能菜单选项,包括打开工程、操作人员设定、更换操作人员、铺排轨迹、初始设置、模拟操作台、报警值报表查询与打印、操作日志报表查询与打印、完工资料打印输出等。

(2)实时报警及传感器通信状态栏

实时指示液压系统是否存在故障,并检查各传感器通信接口是否正常。指示灯绿色表示工作正常,红色表示存在故障,可提醒操作人员检查与排除故障。

(3)铺排轨迹实时监视区

以图形化的方式实时显示施工预定工作线、当前船位和船姿、当前铺排轨迹等信息,使操作人员动态、形象地了解施工状况。通过"放大"、"缩小"按钮可随时调整图形显示比例,方便操作人员观察整个施工区域或局部的施工情况。点击"查看偏差"按钮可随时打开下放的偏差数值显示区,了解航迹、航向偏差的具体数值。

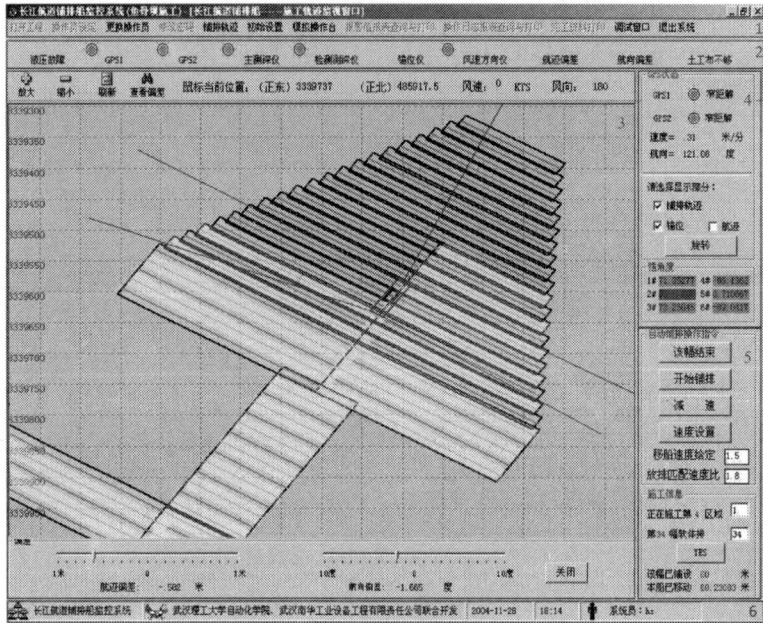

图 7-22　监控系统主界面

颜色填充区域表示已施工区域，未用颜色填充的区域表示待施工区域。相邻两幅已铺设的软体排用不同的颜色标示，以便操作人员观察排布的搭接情况。

（4）综合信息监视区域

集中显示 GPS 工作状态、当前航向、航速、各锚出缆角度等综合信息。

GPS 接收机只有在"窄距解"解算模式时，定位精度才能达到厘米级。若非此工作模式，即以红色指示灯提醒操作人员当前定位精度存在较大误差。

操作人员可根据需要选择图形显示区的显示内容。

根据锚位仪发送的各抛锚点坐标，以及当前船位推算各个锚出缆角度。由于锚位仪的安装方式和定位精度，该角度与实际出缆角度存在一定的误差，仅供操作人员粗略了解抛锚状态。

（5）自控联动铺排作业操作区

操作人员根据施工工艺，点击对应操作按钮来实现自控联动铺排作业。单幅排布铺设前，首先进行"初始定位"标记，点击"开始铺排"按钮，系统根据航迹、航向偏差自动调整移船绞车机构和卷筒放排机构协调动作，实现自动铺排施工。工作面移动约 9m 的距离，将已制好的软体排铺设后，点击"停止铺排"按钮，结束一个操作周期。根据施工实际情况，操作人员可进行减速操作和铺排参考速度设置等。

操作人员根据施工计划选择要施工的区域和单幅排布编号,系统自动从数据库调出预定工作线坐标,在自动铺排作业过程中实时计算偏差作为控制器输出参数。

施工过程中实时显示施工工作量(单幅排布已铺设软体排长度、总施工长度)。

(6)状态栏

实时显示登录操作人员、日期、时间以及系统开发单位等信息。

7.3.4.6　图形化的动态定位显示

作业综合监控主界面的"铺排轨迹实时监视区"是以图形化的方式实时显示施工预定工作线、当前船位和船姿、当前铺排轨迹等信息。如前所述,通过串行通信模块实时采集并结算 GPS 定位信息,根据船上两固定测点的实时坐标和船体尺寸,可推算出船上任意点的实时坐标,由此可以绘制出船舶的当前姿态。本系统利用 VB 的 Pic 控件(图片框控件)作为图形化显示的载体,编程实现动态定位显示效果。

(1)坐标网格的生成

要实现图形化的动态显示,首先要建立一个坐标网格。本系统中利用 VB 的 Pic 控件(图片框控件)作为图形化显示的载体,在该载体中使用绘图语句绘制网格线,源程序代码如下:

```
'定义 Pic 控件坐标范围,设置画笔线型及线宽
Pic1. Scale (-500,400)-(500,-400)
Pic1. DrawStyle=2:Pic1. DrawWidth=1
'绘制网格横线,为保证坐标网格上下对称,将横线分为上下两部分分别绘制
For i=0 To -Pic1. ScaleHeight/2 Step 50
Pic1. Line(Pic1. ScaleWidth/2,i)-(-Pic1. ScaleWidth/2,i),&H8000000C
Pic1. Line(Pic1. ScaleWidth/2,-i)-(-Pic1. ScaleWidth/2,-i),&H8000000C
Next i
'绘制网格竖线,为保证坐标网格左右对称,将竖线分为左右两部分分别绘制
For i=0 To -Pic1. ScaleWidth/2 Step 50
Pic1. Line(-i,Pic1. ScaleHeight/2)-(-i,-Pic1. ScaleHeight/2),&H8000000C
Pic1. Line(i,Pic1. ScaleHeight/2)-(i,-Pic1. ScaleHeight/2),&H8000000C
Next i
```

(2)图形的动态刷新

建立了坐标网格,利用船舶关键点坐标可以在图形区域叠加绘制船舶轮廓

及走过的航迹。系统实时采集、处理定位数据,图形界面上的显示也应动态更新。

船舶轮廓刷新的一般实现方法是采用重画的方式,即先擦除前一时刻船舶轮廓(画笔的异或模式重画前一时刻的船舶轮廓),再绘制当前时刻船舶轮廓。这种方法实时性较差,容易造成图形的闪动。我们采用了一种简单易行的方法,即通过改变船舶轮廓线条的端点坐标直接绘制当前时刻船舶的轮廓,实际应用效果非常好。

航迹的刷新处理比较简单,直接将船舶质心点或其他关键点前一时刻的坐标和当前时刻的坐标点相连就形成了航迹。如果需要刷新整个图形界面,就从数据库中取航迹历史坐标,顺序相连即可。

随着船舶的施工航行,图形显示的船舶会逐步移向图形界面的一角,不便于观察。解决此问题的方法是设计一个刷新按钮,每次点击该按钮就将船舶移至图形界面的中心区域,这一功能的实质是实现了图形的平移。同时为方便使用者,系统也自动判别图形界面中船舶的当前显示位置,若到了边缘,可自动平移至中心处。

图形平移偏移量为 $XShift = -Int(GPS1.X / 50) * 50$, $YShift = -Int(GPS1.Y / 50) * 50$,其中 GPS1. X 和 GPS1. Y 分别为 1♯移动站测点对应的大地坐标。对偏移量 50 取整的目的是保证坐标网络为 50m 的整数倍。

(3) 图形的缩放

系统设置了 5 档显示比例,便于操作人员观察全局信息与局部信息。为了实现图形的缩放,设置缩放因子 $ShowScale=(0.25,0.5,1,2,4)$,绘制网格、船舶轮廓及航迹时,所有坐标值均乘以该缩放因子即可。例如,绘制网格语句修改如下:

```
For i=0 To −Pic1.ScaleHeight/2 Step 50 * ShowScale
    Pic1.Line(Pic1.ScaleWidth/2,i)−(−Pic1.ScaleWidth/2,i),&H8000000C
    Pic1.Line(Pic1.ScaleWidth/2,−i)−(−Pic1.ScaleWidth/2,−i),&H8000000C
Next i
```

网格间距由原来的固定值 50 改变为 50 * ShowScale,当 ShowScale=4 时,网格间距为 200,形成放大的显示效果。同理,当 ShowScale=0.5 时,网格间距为 25,形成缩小的显示效果。

(4) 图形的旋转

导航系统的图形显示默认方向为上北下南左西右东,但在实际应用过程中有时会出现一个矛盾。因为驾驶室一般处于艉,当艏指向北时,操作人员从计算机显示屏上看到的船舶轮廓与从驾驶室看到的效果是一致的;但当艏不指向北,两者的关系就不是一致的,尤其是当艏指向南时,则方向完全是反向的。这就给操作人员带来视觉感观上的不适应,导航的效果将无法较好地实现。

为了解决这一问题,在系统中增加一个旋转按钮。点击该按钮,将整个图形界面顺时针旋转 90°。操作人员可根据当时艏的指向点击按钮,旋转图形界面到与实际视觉效果相近的效果。点击旋转按钮,整个图形界面将重现绘制。每一关键点的实际大地坐标不变,该值将保存到数据库中的坐标作为历史航迹数据,不能任意改变,但对应图形界面上的显示坐标将改变。以船舶上任一点的显示坐标变化为例说明新的显示坐标与实际坐标的关系。

图形区坐标旋转对应关系如图 7-23 所示。

$$\begin{cases} x2=y1 \\ y2=-x1 \end{cases}; \begin{cases} x3=y2=-x1 \\ y3=-x2=-y1 \end{cases}; \begin{cases} x4=y3=-y1 \\ y4=-x3=x1 \end{cases}; \begin{cases} x1=y4 \\ y1=-x4 \end{cases}$$

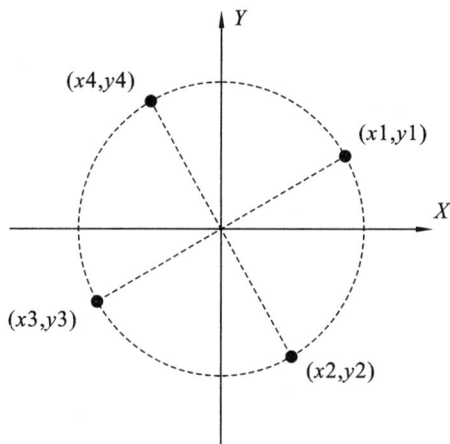

图 7-23　图形区坐标旋转对应关系图

从以上对应关系易得:$x(n+1)=y(n)$,$y(n+1)=-x(n)$,n(旋转次数)$=$ 1,2,3。每点击一次旋转按钮,n 加 1,加到 4 时恢复到 0。

综合以上图形变换的要求,绘制船舶上任一点时对应的显示坐标应为:

GPS1. XX=(GPS1. X+XShift) * ShowScale

GPS1. YY=(GPS1. Y+YShift) * ShowScale

Select Case　n

　　Case 1 '顺时针旋转 90°

　　　GPS1. XX=GPS1. YY

　　　GPS1. YY=-GPS1. XX

　　Case 2 '顺时针旋转 180°

GPS1. XX＝－GPS1. XX

GPS1. YY＝－GPS1. YY

Case 3 '顺时针旋转 270°

GPS1. XX＝－GPS1. YY

GPS1. YY＝GPS1. XX

End Select

其中,GPS1. X 和 GPS1. Y 为实时转换后的大地坐标值;GPS1. XX 和 GPS1. YY 为实际的显示坐标值;XShift 和 YShift 分别为横、纵坐标平移量;ShowScale 为缩放因子;n 为旋转因子。

7.3.5　监控系统运行效果

"渝工排 1 号"于 2005 年正式投入使用,是内河航道治理工程中技术较新的工程船舶之一,综合应用了现场总线技术、GPS 定位技术、三维图形显示、智能控制技术等先进的技术与手段。该船在投入使用后,参加了宜昌胭脂坝河床护底加糙工程、长江东流鱼骨坝铺排护底工程、东流 1♯丁坝铺排护底工程等多项工程。实船运行表明,系统具有运行稳定可靠、实时性强、监控功能丰富等优点,与人工手动控制施工相比,施工自动化程度、精度及效率都有了明显的提高。

(1)高度自动化,操作简单化

监控系统采用简洁的中文菜单界面,操作人员根据施工预案,对工控机发出指令即可进行自动移船、纠偏和放排作业,并确保移船和放排的同步,不需要人工进行频繁的船位调整,把烦琐、复杂的船位调整变成了程序化的简单指令。

(2)定位精度高,确保了铺排质量

在东流工程施工中,该船铺排质量大大高于设计及监理的要求,深受建设方的好评。实船 DGPS 定位精度可达 0.1m,排条搭接精度可达 0.5m,大大超过铺排施工的精度要求[2]。东流 1♯丁坝施工预案如图 7-17 所示,实际铺排轨迹及排条之间的搭接情况如图7-24所示。

(3)劳动强度降低,生产效率提高;施工成本降低,经济效益提高

该船配置的自动监控系统使原本繁重的移船工作变成了简单的指令操作,并且计算机实时显示水下形态,使移船变得安全、轻松、可靠。在放排过程中,由多人的组合劳动变成了一人的指令操作,监控计算机自动控制铺排过程。铺排量、铺排过程和铺排精度随机监控,操作和监理人员随机查看。因此,建设方对"渝工排 1 号"的施工质量特别满意。

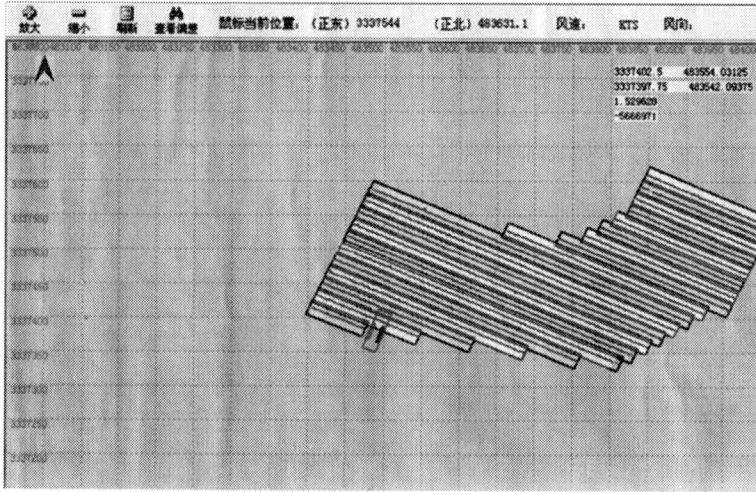

图 7-24　东流 1♯丁坝铺排轨迹

该船使用方——重庆航道工程局提供的 2004 年 10 月—2005 年 2 月期间"渝工排 1 号"铺排船与该局的另一条 16m 铺排船（排宽 16m，只有机旁操作方式）的施工数据对比分析情况如表 7-1 所示。

表 7-1　"渝工排 1 号"铺排船与 16m 铺排船施工作业数据分析表

项目	渝工排 1 号		16m 铺排船	
施工地点	东流鱼骨坝	东流 1♯丁坝	宜昌胭脂坝	东流鱼骨坝
施工时间	04.10—05.1	05.1—05.2	04.4.18—04.5.31	04.10—05.2
完成工程量（m²）	450000	142131	106800	406000
有效铺排时间（h）	925	285	384	1420
平均工作效率（m²/h）	486	498	278	286
平均施工人数（人）	60（含船员 4 人）	60（含船员 4 人）	54（含船员 8 人）	54（含船员 8 人）
单位工时消耗（人工时/m²）	0.123	0.120	0.194	0.189
燃油消耗量（kg）	52700	16250	5700	23500
燃油消耗率（g/m²）	117.2	114.3	53.4	57.9
单位人工消耗及燃油费用（元/m²）	1.728	1.686	2.167	2.136
备注	燃油消耗率按每平方米铺排量的燃油消耗计算			

"渝工排 1 号"的高度自动化,大大提高了生产效率,降低了劳动强度。初步测算,一个工作日(以 20h 计)"渝工排 1 号"可以铺排 9900m²,是 16m 铺排船工效的 1.7 倍。并且其质量成本相对较低,与传统的施工方法相比仅施工成本每平方米就下降了近 0.5 元,即一个工作日可节约施工成本近 5000 元。同时,由于"渝工排 1 号"铺排质量较高且稳定,大大地节省了施工检验费用。

由此可见,具有智能控制功能的铺排船的投入使用,使航道整治施工效率、精度以及经济效益都得到了大幅提高。

7.4 40m 排宽软体铺排船作业综合自动监控系统优化设计

7.4.1 系统优化需求分析

随着航道疏浚行业的快速发展,船舶制造业、施工工艺、设施装备等方面都随之不断变化,主要体现在:

(1)船舶大型化。"渝工排 1 号"作为内河第一条自动铺排船,船舶总长 60m,型宽 18m,型深 3.2m,软体排布宽度仅为 22m。随着铺排自动化程度的提高,希望建造更大型的铺排船,进一步提高工作效率。"长雁"系列铺排船,总长达 70m,型宽 20m,可铺设排宽 40m×排长 150m 的软体。

(2)船舶装备增多。船体的大型化也带来装备的增加,尤其是用于移船动力方面的机构增多。40m 排宽软体铺排船一共配置 8 台绞车,由 4 台移船绞车和 4 台锚绞车组成。4 台移船绞车,分别安装在艏、艉两旁位置,通过收放绞车上的锚绳来拉动船舶移动;4 台艏、艉锚绞车,分别安装在艏、艉部位置,分别偏向一左一右,主要用来牵制水流的作用力,并兼起移船定位的作用。由此可见,移船控制中需要控制的绞车机构由原来的 4 台增加为 8 台,控制决策变量大幅增加。

(3)施工工艺改进。"渝工排 1 号"铺排船施工模式为逆水铺排,作业水深范围为 1.5~14m,一般正常施工水深不超过 8m。随着软体排各项制作工艺的改进,其在航道整治与疏浚工程中应用越来越广,要求铺排船能适应更多的施工工艺和环境,即要求能深水铺设,铺设方向也优化为顺水和垂直水流铺排。

由于以上变化,使得软体铺排船的自动控制变得更加复杂,控制难度进一步提升。

首先,铺排船船体的变大将导致自身的惯性变大,在风、浪、流等外界因素的影响下,船舶运行时的启动、停止将变得更加困难。运行中,水流方向和大小直接作用在体积变大的船舶上,产生一定的冲击力,推动船舶向一定方向移动,影响船体的稳定运行。

其次,铺排船动力的增大,使铺排船的抛锚组合、抛锚位置变得更加随机化。铺排船上是装有 8 台绞车的,工作人员会根据具体施工工况及个人操作习惯,抛置不同的锚组合进行施工,不同的抛锚组合将导致铺排船运动控制的变得繁杂。

最后,随着船体的运动,抛锚角不断变化,在铺排长度较大的情况下,抛锚角度会出现由小于 90°渐变为大于 90°的情况,这将导致同一个绞车在铺排过程中由收缆的状态变为放缆,使绞车的工作状况变得更为复杂。

7.4.2 自动监控系统优化设计

根据前述系统改进优化需求,以"长雁 2 号"40m 排宽软体铺排船为对象,构建图 7-25 所示的自动监控系统体系结构。

整个系统方案在硬件和软件方面都进行了相关优化改进:

(1) 硬件配置优化

① PLC 控制系统由一套 S7-300 PLC 主站及其三套远程 IO 子站组成,其中集控操作台直接连接在 S7-300 PLC 主站上,艏、舯、艉三处操作台分别连接在三处 IO 子站上。所有的绞车由液压驱动,液压控制阀就近连接在 PLC 各站点。改进后的 PLC 控制系统只有一个 PLC 主站,所有的控制程序都在一个 CPU 下运行,这不仅节省了设备的开支,而且简化了程序的编制与调试工作。

② 去掉集控台处的触摸屏,增设一台液压机构综合监控计算机。原系统中的液压机构报警系统由触摸屏实现,功能较单一,同时在集控台上视觉效果不太好。因此,本方案将原系统中的触摸屏变更为一台液压机构专用综合监视及报警计算机,并配置相关仪表,用于集中监视液压系统运行参数及故障报警、历史信息查询、设备维护记录等。

(2) 上位监控软件功能全面升级

原则上重新设计监控界面以力求更动态、形象、全面,操作更方便,同时优化控制规则,提高作业精度。主要体现在如下方面:

① 软件功能四合一。原系统的工程总体方案设计软件、水深监视软件和定位监视软件、工控机监控软件是四个独立的软件。总体方案设计完成后需要往工控机监控软件中导入预案数据,在使用过程中会因为操作不当而出现数据导入错误。同时水深监控软件、定位监控软件的功能与工控机监控软件功能有部分重复,故本方案中将四个独立的软件整合为一个软件。

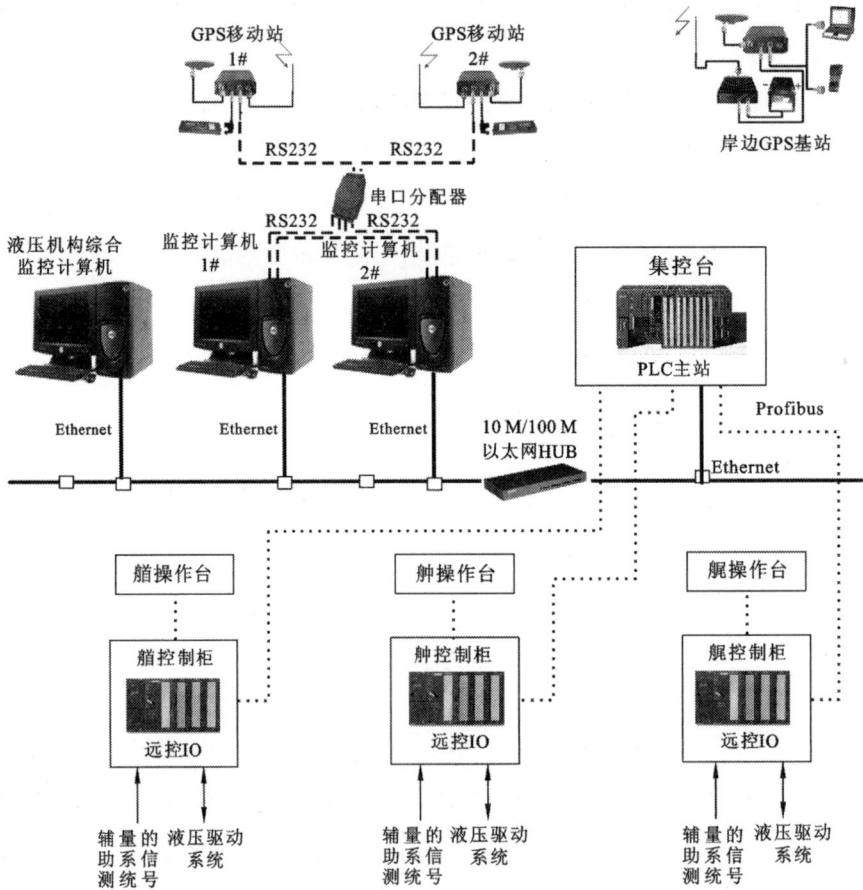

图中： - - - - RS232串行通信线缆

            ———— 工业以太网通信线缆

            ……… Profibus电缆

图 7-25　40m 排宽软体铺排船自动监控系统体系结构图

② 监控模式。原有的三台监控计算机功能独立没有互为备用,因此工控机监控软件在作业过程中一旦出现问题,就必须停下工作恢复系统后再继续作业。本方案上位监控软件设置两种监控模式,即铺排作业主控模式和实时监视模式。正常工作时一台工控机处于主控模式,一台工挖机处于监视模式,一旦主控计算机故障,监视计算机可立即转为主控模式继续施工作业。

③ 液压机构专用综合监视及报警软件。该软件是液压机构专用监控计算机上使用的软件,具体设计要点详见 7.4.6 节。

④ "软操作手柄"功能。根据原系统的使用经验,本方案增加"软集控台操

作手柄"的操作功能,与实际集控台上的操作手柄一一对应,通过鼠标点击可实现单个设备操作或联动操作功能。

⑤ 定位控制模块。在单幅排布铺设完成后,铺排船需沿原轨迹后退至本幅排布起始处,然后横移至下一幅排布铺设起始位置。原系统中该过程需手动完成,而使用手动移船的效率、精度均低于自控联动方式,故本系统中增加铺排船定位控制模块。单幅排布铺设完毕后,可手动选择下一幅排布起始位置后启动该控制功能,利用自控联动控制功能将铺排船移至用户设置的初始定位点。

⑥ 自控联动控制策略。由于本系统的液压系统驱动总容量提高,故自控联动控制策略由原来的两收(艏左、艉左绞车)两放(艏右、艉右)方式改变为四收(艏艉主缆、艏左艉左绞车)两放(艏右、艉右),可提高控制效率和精度。而且根据施工经验,确定了几种常用抛锚施工模式下的一键联动快捷控制决策功能。

下文将就软件升级中的几个关键模块设计要点进行详细说明。

7.4.3　智能移船控制算法模块优化设计

40m 排宽软体铺排船配置 8 台绞车机构,其布局如图 7-26 所示。移船施工期间全船液压系统最多可供 6 台绞车同时工作。移船控制算法仍采用基于模糊-粒子群参数优化的方式,在原有四锚联动的基础上,设置输出变量为 6 维,对锚泊移船模型以及控制器参数进行更新。

优化后的施工工艺要求铺排船在逆水或垂直水流的情况下均可以实现自动铺排功能。由实践经验可知,在逆水与垂直水流铺排方式下,操作人员抛掷的锚量及锚组合都是不同的,每种方式下由于锚位的不同,需要设计不同的控制方式来协调控制绞车的运转,以实现正负 0.5m 的铺排精度。各台绞车的动力运转情况对自动铺排也有影响,即使在同等的动力驱动下,也不能保证各台绞车的运转速度是一样的;况且各绞车的抛锚角度不同,即使是在同样的收放速度下对船舶的作用力也是不同的。因此,必须根据实际情况来设置各台绞车之间的速度比例及作用力比例。

根据施工实践经验总结了不同铺设方向下的抛锚组合,如图 7-27 所示,可离线完成不同方式下的控制器参数优化。在实施自动铺排前,操作者首先选择与实际情况相符合的抛锚组合方式,并进行抛锚坐标的设置,由此系统根据设置选择相应的控制规则来决策输出对应的绞车控制指令。

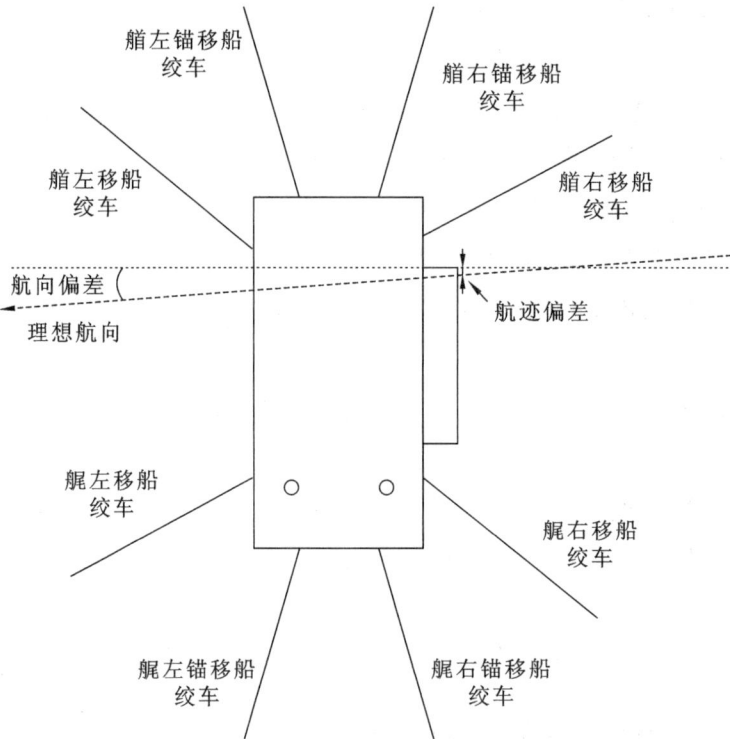

图 7-26　铺排船绞车机构布局示意图

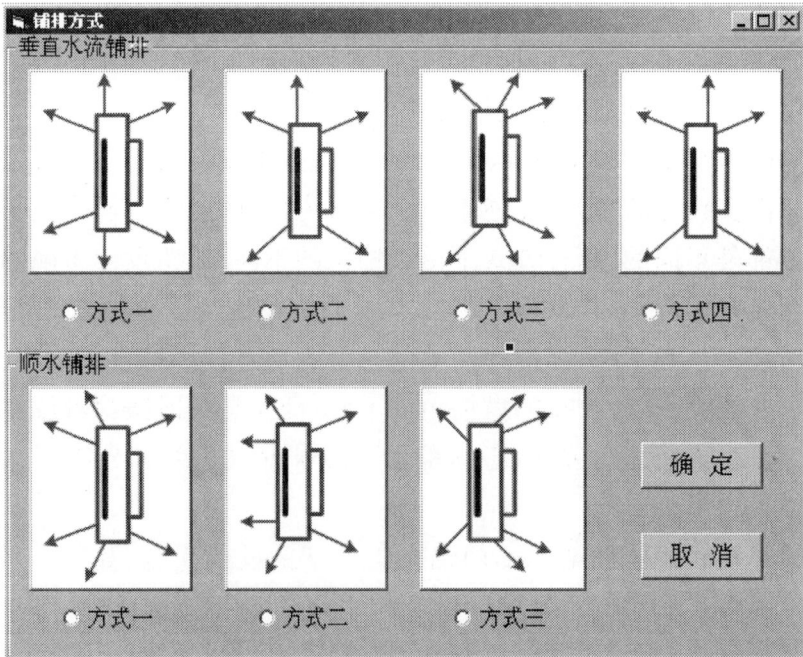

图 7-27　垂直水流和顺水流抛锚组合方式

　　在工程调试过程中,发现船舶动力对绞车的动力分配是变化的。因此,增设了一个图 7-28 所示的自控参数设置界面,用于对控制参数进行人工修正以更贴合现场状况。其中,绞车基速决定了所有绞车的转动速度,来实现移船绞车与卷筒下放排布速度之间的协调;各绞车的速度比例用于调节各绞车转速之间的不协调;前进速度大小(系数)用来确定整体铺排前进速度;下放指令时间间隔则用来调节船舶对误差的反应速度;纠偏限则是指船舶对偏差的反应灵敏度,施工人员可根据具体的施工精度来改变数值。联动选择的参数则根据操作人员的实际操作情况来选择绞车是否带卷筒一起运行,有时候为了拖拽一下排布是不需要卷筒运转的。纠偏参数中的液压(上、下限)则根据船舶实际动力来进行设置。

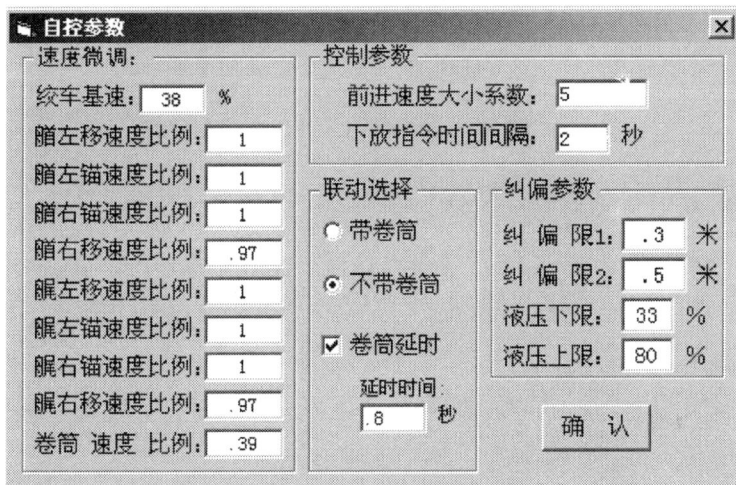

图 7-28　自控参数设置界面

　　所有离线优化的控制规则放置在一个.ini 文件中,在程序运行时读入规则,提高了决策效率。

　　在实际调试与应用过程中,发现艏、艉锚的作用力对船舶的影响特别大,它们轻微的动作都会导致船舶的震荡,尤其是在垂直水流的情况下,逆水抛掷的那根锚缆对整个工程起到了主导作用。由于水流的原因,艏、艉锚的动作会造成很大的震荡,有可能会导致船舶失控,很难满足设计的要求。针对这种情况,设计了一种预测控制算法,即根据计算缆绳收放量来控制绞车的策略。40m 排宽铺排船移船预测控制策略如图 7-29 所示,基本步骤如下:

　　① 根据 GPS 数据可实时计算出各抛锚绞车出缆点的坐标值,以及当前的航迹、航向偏差值;

　　② 由于各抛锚点的坐标已知,可进一步计算出此时各锚链线的长度 $l_1 \sim l_6$;

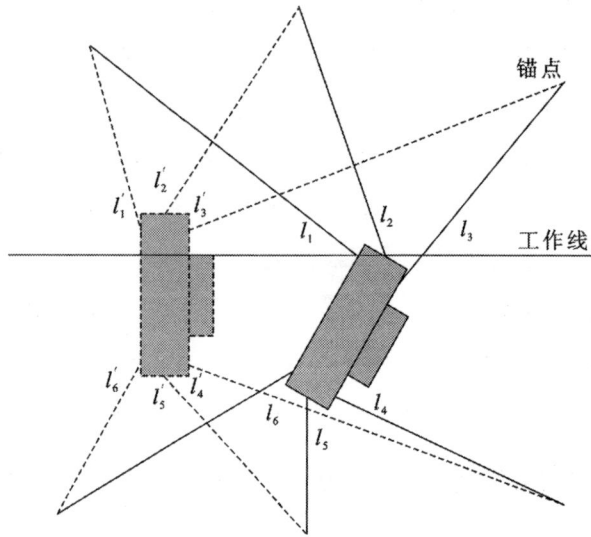

图 7-29　40m 排宽铺排船移船预测控制策略图解

③ 根据施工预案（当前工作线），以及航迹、航向偏差推算下一时刻船舶预定位置坐标；

④ 预测船舶到达预定位置后，计算各抛锚绞车出缆点的坐标值，以及各锚链线长度 $l_1' \sim l_6'$；

⑤ 通过锚链线长度可计算得到各抛锚绞车的收放缆绳量 $\Delta d_1 \sim \Delta d_6$，以及各绞车的收放缆速度 $v_1 \sim v_6$；

⑥ 输出各绞车收放缆速度指令，经 PLC 控制系统驱动执行机构动作，实现移船；

⑦ 重复第①步，直至达到单幅排布结束位置。

7.4.4　施工作业预案制作及施工轨迹记录功能优化设计

原系统方案中基于 VB 开发了一套施工预案制作软件，由操作人员根据施工方提供的施工区域图输入关键点坐标后自动生成预案轨迹。该轨迹以数据库格式文件保存，在作业综合自动监控软件中，需要首先读取该预案文件，提取预案轨迹。可以看出该方案在使用过程中需要较多的人机交互，一旦施工区域数据有变化，就需要重新走一遍该流程。

本系统方案中将基于 DXF 格式实现施工预案导入、施工轨迹记录以及导出的功能。DXF（Drawing Exchange File）是 AutoCAD 的图形交换文件，由于 DXF 文件是标准的 ASCII 码文件，而且排列很有规律，便于开发人员编写应用程序进行图形数据的读取。施工业主方提供的施工区域资料本身就是

AutoCAD 文件,因此通过第三方控件 DXFReader 来实现与 DXF 文件的交互。

（1）施工预案导入

如图 7-30 所示,选择包含施工预案的 DXF 文件即可自动导入施工预案。其中 DXF 文件为通过 AutoCAD 创建的以 .dxf 为后缀的图形文件,可在使用前利用 AutoCAD 软件事先创建或由业主直接提供。

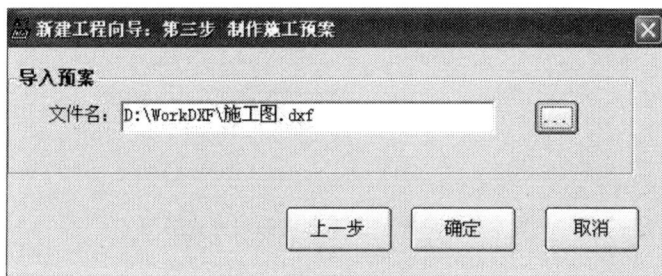

图 7-30　工程预案图纸导入界面

通过 DXFReader 控件的 FileName 属性,将存储着施工底图相关信息的 DXF 文件导入监控系统的界面中。关键代码如下:

Dim DXFname As String

DXFname＝"D:\WorkDXF\"＆ProjectName ＆". dxf"

FrmDXF. DXFReader1. Filename＝DXFname

在导入 DXF 图形后需要获取里面的工作线作为施工预定轨迹线,使用 MouseDown 事件及 GetEntity 方法,当鼠标在预选择的工作线上点取时,该工作线的信息就被控件获取,该工作线颜色发生变化,并将工作线信息传给控制系统。关键代码如下:

Private Sub DXFReader1 _ MouseDown（Button As Integer,Shift As Integer,X As Single,Y As Single）

GetNum＝FrmDXF. DXFReader1. GetEntity(X,Y)

If FrmDXF. DXFReader1. Entities. Item(GetNum). EntityType ＝"LINE" Then

　　　FrmDXF. DXFReader1. Entities. Item(CurrentPaiNum). Color＝252

End If

End Sub

（2）施工轨迹记录

在施工过程中,通过 DXFReader 控件的 DrawLine 方法,可以实时根据 GPS 获取的大地坐标将船绘制在施工图上,如图 7-31 所示。

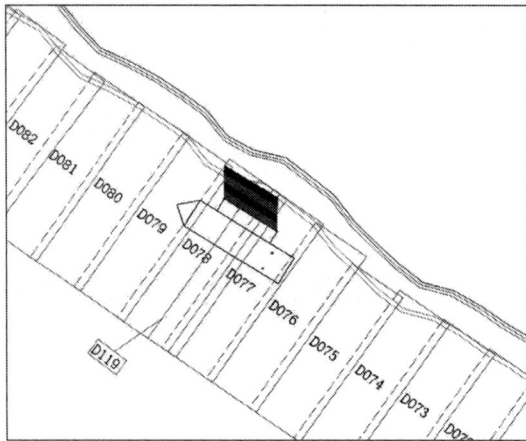

图 7-31　铺排船施工轨迹实时监视界面

通过 DXFReader 控件的 AddEntity 方法将施工过程中的轨迹以添加实体的方式保存到工作底图中，最后可以使用 DXFReader 控件的 WriteDXF 方法将施工信息保存到 DXF 文件中，方便下次查看。关键代码如下：

. AddEntity

Num＝. Entities. Count

. Entities. Item(Num). EntityType＝"LINE"

. Entities. Item(Num). x0＝LPX1

. Entities. Item(Num). y0＝LPY1

. Entities. Item(Num). x1＝LPX2

. Entities. Item(Num). y1＝LPY2

FrmDXF. DXFReader1. WriteDXF "D:\WorkDXF\" & ProjectName &". dxf"

（3）施工数据导出

因为工程数据以 DXF 文件格式保存，系统设置了 DXF 文件打印输出接口。在施工工程完工后，只要点击主界面快捷键中的"完工图"，设置好需要打印的内容后，即可自动将施工数据生成 AutoCAD 格式图纸，操作者在 AutoCAD 下打印即可，这样大大减少了操作人员的工作量。

7.4.5　实时监控界面优化设计

根据系统优化需求，对上位监控软件进行了重新设计，以力求更动态、形象、全面，操作更方便。所有设计在基于可视化开发工具 VB 的开发环境中完成。

主界面如图 7-32 所示，由标题栏、状态栏、菜单栏、图形显示区、工具栏、信息栏、控制栏以及绞车运行状态监测栏组成。

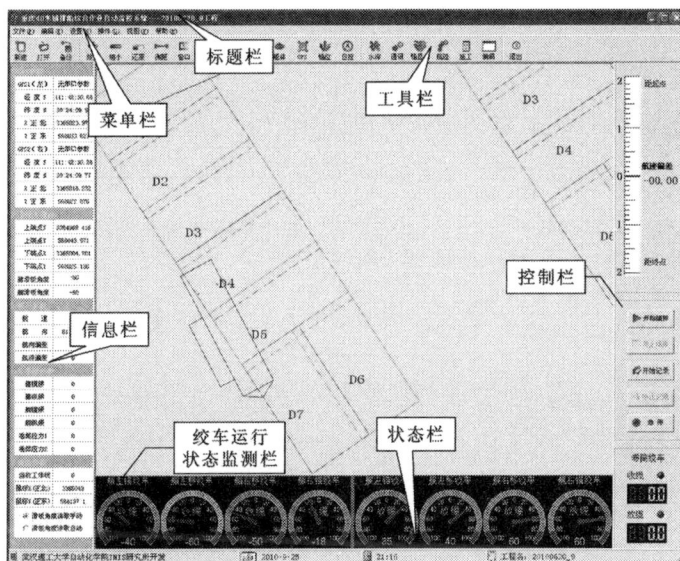

图 7-32　主界面

- 标题栏:显示软件名称及工程名。
- 状态栏:显示软件开发单位、系统日期、时间及工程名等信息。
- 菜单栏:提供相关操作的菜单方式,点击菜单打开对应的功能。
- 图形显示区:图形化显示船舶位置、工程预案、锚链、铺排轨迹等信息。
- 工具栏:提供命令的快捷方式,点击相关图标即打开对应监控功能的窗口(图 7-33)。

图 7-33　工具栏

工具栏采用图形化的显示,并按功能分组,便于操作者识别。

- 绞车运行状态监测栏:实时显示各绞车运行状态等信息,便于操作人员根据绞车状态实施铺排控制(图 7-34)。

图 7-34　绞车运行状态监测栏

- 信息栏:显示 GPS 数据、船舶航速与航向、施工作业偏差等信息。

信息栏具体内容如图 7-35 所示,显示船上两台 GPS 移动站及施工关键点(排布落水点)的 GPS 信号(解状态、经纬度坐标和对应的大地坐标)、铺排船的

航速和航向、选择在图形显示区的显示内容、施工作业的航迹和航向偏差、当前
工作线以及水下地形信息等。

- 控制栏:操作人员启动/停止自动铺排命令,以及施工轨迹偏差显示(图 7-36)。

>>GPS参数	
GPS1(左)	无串口参数
经 度 E	111:42:30.68
纬 度 N	30:24:09.95
X 正 北	3365023.975
Y 正 东	568033.627
GPS2(右)	无串口参数
经 度 E	111:42:30.28
纬 度 N	30:24:09.77
X 正 北	3365018.232
Y 正 东	568022.870
>>滑板关键点	
上端点X	3364969.416
上端点Y	568043.971
下端点X	3365004.701
下端点Y	568025.130
艏滑板角度	-60
艉滑板角度	-60
>>航行参数	
航 速	0
航 向	61.90
航向偏差	0
航迹偏差	0
>>传感器参数	
艏横倾	0
艏纵倾	0
艉横倾	0
艉纵倾	0
卷筒应力1	0
卷筒应力2	0
>>辅助参数	
当前工作线	0
鼠标X(正北)	3365009
鼠标Y(正东)	568112.6

⊙ 滑板角度读取手动
○ 滑板角度读取自动

GPS移动站信息,包括:
①解状态:其中窄距解精度最高。
②经纬度坐标。
③大地坐标:根据工程设置的GPS参数进行经
纬度坐标→大地坐标的转换。

滑板信息:
①实时显示滑板关键点(软体排布落水点)大
地坐标值。其中上端点为靠近艏部的点,
下端点为靠近艉部的点。
②实时显示滑板角度。

航行参数:
①航速:单位为 m/min。
②航向(0°~360°):以正北方为0°,顺时针
计算。
③航向偏差:船舶当前航向与预定工作线航
向的偏差,顺时针方向角度为负,逆时针
方向角度为正,单位为°。
④航迹偏差:滑板主、辅端点与预定工作线
的垂直距离,单位为 m。正值表示船位比
预定工作线偏上(船位高了),负值表示船
位比预定工作线偏下(船位低了)。

传感器参数:实时显示各传感器的检测值。

显示辅助信息,包括:
①当前工作线:显示当前的工作线。
②鼠标 X(正北):显示鼠标当前 X 坐标。
③鼠标 Y(正东):显示鼠标当前 Y 坐标。

滑板角度读取方式:
①选择"自动",则滑板角度根据传感器采
集值实时变化。
②选择"手动",则可手动输入滑板角度。

图 7-35　信息栏

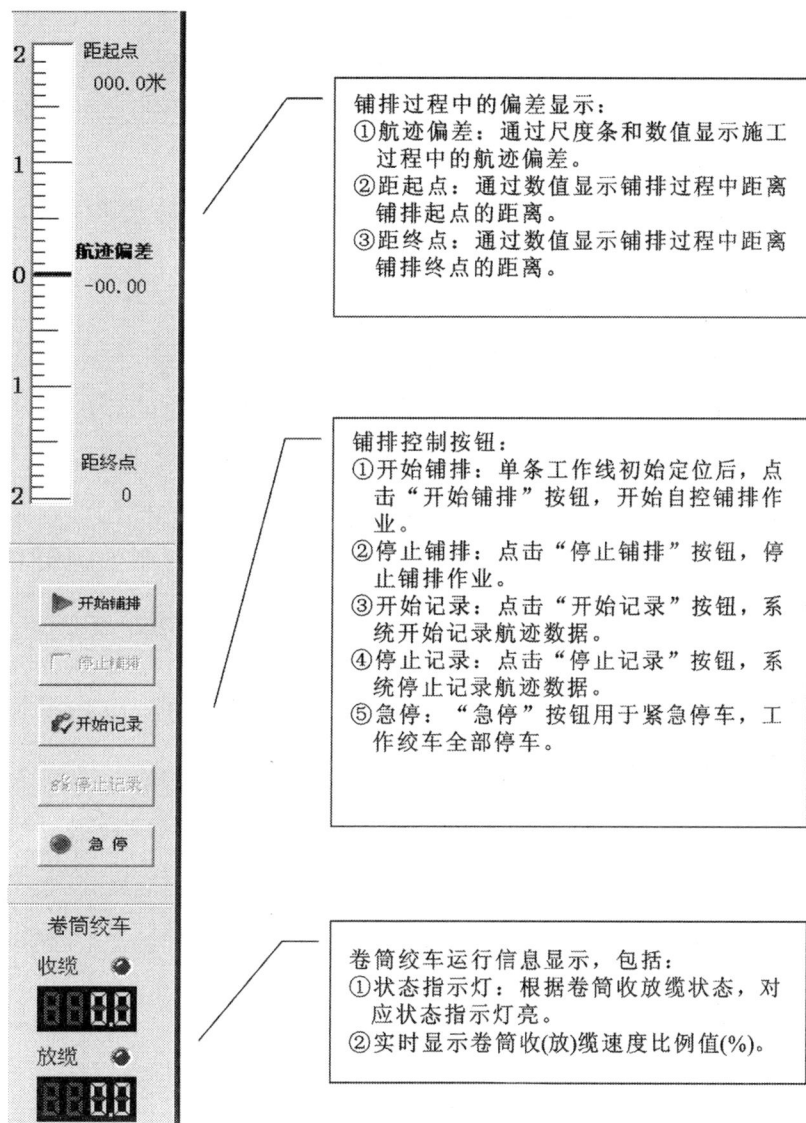

铺排过程中的偏差显示：
①航迹偏差：通过尺度条和数值显示施工过程中的航迹偏差。
②距起点：通过数值显示铺排过程中距离铺排起点的距离。
③距终点：通过数值显示铺排过程中距离铺排终点的距离。

铺排控制按钮：
①开始铺排：单条工作线初始定位后，点击"开始铺排"按钮，开始自控铺排作业。
②停止铺排：点击"停止铺排"按钮，停止铺排作业。
③开始记录：点击"开始记录"按钮，系统开始记录航迹数据。
④停止记录：点击"停止记录"按钮，系统停止记录航迹数据。
⑤急停："急停"按钮用于紧急停车，工作绞车全部停车。

卷筒绞车运行信息显示，包括：
①状态指示灯：根据卷筒收放缆状态，对应状态指示灯亮。
②实时显示卷筒收(放)缆速度比例值(%)。

图 7-36 控制栏

7.4.6 全船液压监控软件优化设计

40m排宽软体铺排船配置了8台液压绞车机构，为保障绞车正常工作，基于VB开发环境开发了一套液压机构专用综合监视报警软件，通过彩色、动态的监视画面可实时集中监视液压机构的各元器件运行状态与参数，一旦发生故障可及时报警(外部可接扬声器语音报警)。

为了尽可能地使系统的界面友好，本监控系统上位机界面的设计遵循了如下原则：

① 尽量简化使用难度,减少操作人员的学习量和记忆量。人机界面的显示风格、人机交互方式尽可能采用广大计算机用户熟悉的 Windows 界面风格,软件的不同功能模块中,例如艏、舯、艉的液压显示部分,采用同样的风格和设计方法,显示在屏幕确定的位置。

② 实时显示液压系统各主要元件的当前工作状态和主要参数,为工程设备操作者提供参考和依据。

③ 及时显示出错、报警和故障处理等信息。当有异常情况发生时,应及时醒目地反映在人机界面上。如当油温过高或者滤嘴堵塞时,显示让人警觉的红色信号指示,从而尽可能快地让操作者采取措施,避免事故的发生。

根据这个原则,选取部分最重要的元件和部分重要的参数进行实时监控。选择监控的元件包括:动力元件即液压泵,执行元件控制的机构即绞车、刹车、卷筒和滑板,控制元件中的溢流阀和换向阀。另外,辅助元件中的油箱和油管是液压油的载体和传输通道,也要在可视化画面中表达出来。

由以上分析可知,液压监控系统的监控对象包括以下几部分:油路监控、液压泵状态监控、绞车与刹车状态监控、卷筒与滑板状态监控,故障报警与记录查询。监控软件功能结构如图 7-37 所示。

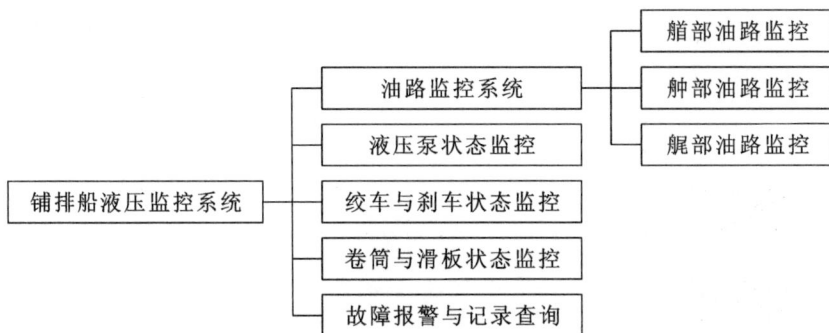

图 7-37　铺排船液压监控软件功能结构示意图

图 7-38 所示为液压系统监控主界面。图形显示了液压系统主要油路和相关设备的运行状态。该界面共包含"艏部机构"、"舯部机构"和"艉部机构"三个子界面,点击界面左侧的按钮可切换至相应界面。

软件设计中主要解决图形化刷新显示效果,通过颜色或图形方式表示设备工况的变化。刷新界面时,采用时间驱动的方式,即定时刷新液压系统的参数。界面刷新时间一般不超过 1.5s,实时性得到了保证。下文以液压管线及液压泵监视为例说明监控效果的实现。

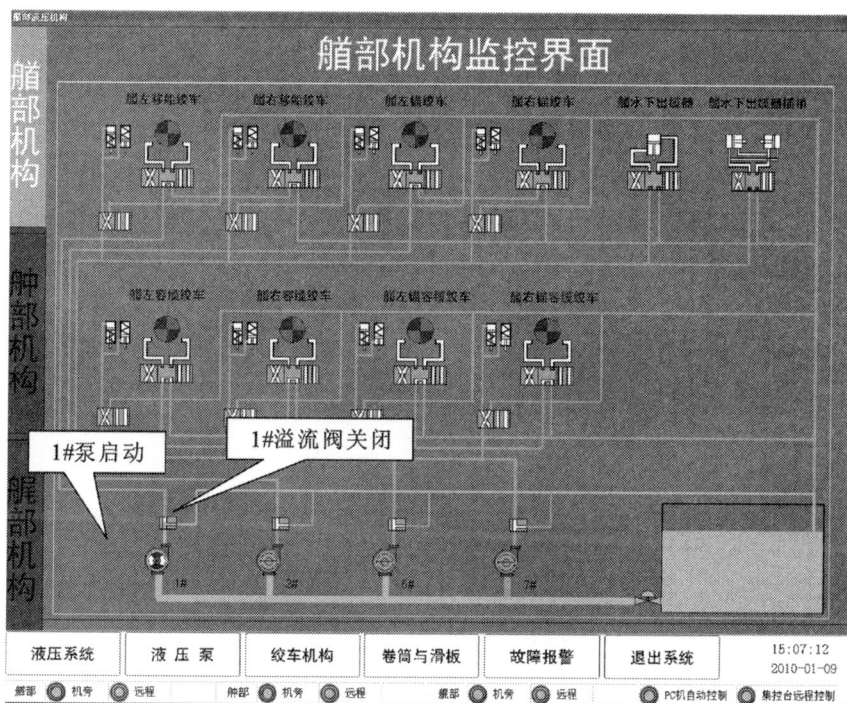

图 7-38　艏部液压监控界面

　　在液压泵监控中,随着液压泵的开启和关闭,液压管线内的液压油会有压力的变化,通过对管线设置不同的颜色来体现。根据对比清晰的原则,受压部分采用绿色,不受压部分采用灰色。

　　其具体的方法如下:首先,判断液压泵是否开启,若开启,则从油箱到液压泵的管线亮(绿)色显示;再判断执行元件是否开启,若对应的执行元件开启,则从液压泵到执行元件的管线亮(绿)色显示,若没有开启,则液压油从溢流阀流出,流回油箱。液压管线部分的流程图如图 7-39 所示。

　　液压泵本身工况的改变是通过置换图片的方式刷新界面,达到显示液压泵状态的目的。具体方法是,若液压泵没有启动,则相关管线灰色显示;若液压泵已启动,利用四个亮色图片组合产生一个动态图片,直观显示液压泵的状态。动态图片由四个静止图片组成,它们按照顺序依次置换,即可得到动态的图片。其流程图如图 7-40 所示。

　　该软件还为液压系统的维护提供全面的服务,诸如:

　　① 建立专家系统为各类故障提供维修意见;

　　② 后期提供历史故障查询功能,可打印设备故障报表;

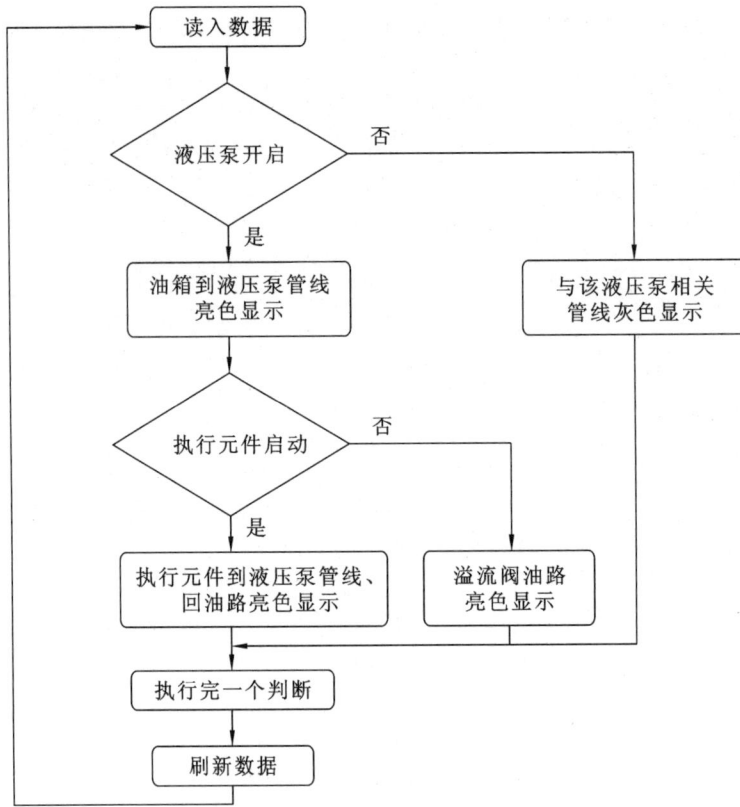

图 7-39　液压管线状态显示程序流程图

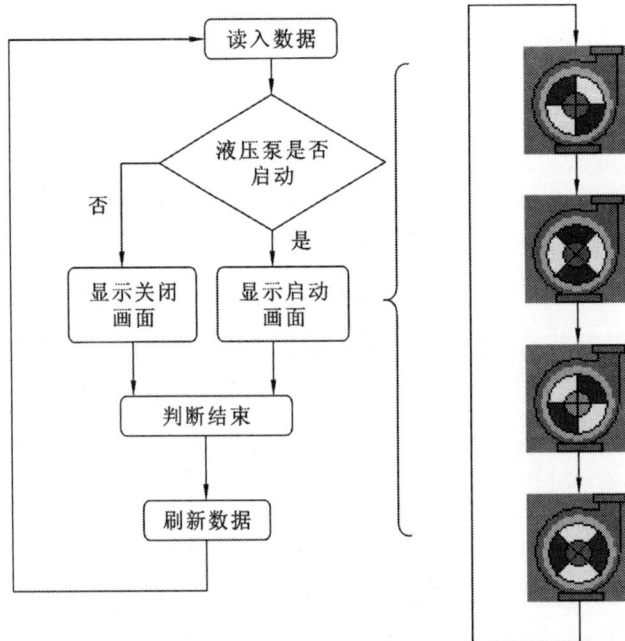

图 7-40　液压泵状态显示程序流程图

③ 建立液压系统设备记录数据库,操作人员输入液压系统的元器件维护记录,基于该数据库可查询元器件使用状况、维修记录等,可打印查询报表。

7.5　本章小结

本章以一类典型的锚泊移位工程船舶——软体铺排船为例,介绍了工程船舶作业综合自动监控系统设计方案与实现方法。首先综述了软体铺排船——一种特定的工程船舶的国内外应用概况。分析了我国长江中下游航道治理工程对软体铺排船的应用需求。越来越高的施工要求使得对设计新型的高自动化水平软体铺排船的需求显得越来越迫切。依托实际工程项目,将基于模糊逻辑和QPSO改进优化算法的航迹保持控制系统应用于软体铺排船控制系统中,设计了一套软体铺排船作业综合自动监控系统以及优化方案。该系统调试及实船运行效果充分反映了本书探讨的工程船舶锚泊移位智能控制系统的有效性,对于同类型工程船舶自动化水平的提高提供了一套切实可行的实施方案。

参 考 文 献

[1] 顾敏童,高捷,谭家华.软体排铺设工程船介绍[J].造船技术,2000(5):34-36.

[2] 郭晓浩.长江铺排船的开发建设[J].船海工程,2003(1):1-6.

[3] BALCHEN J G,JENSSEN N A,MATHISEN E. A dynamic positioning system based on Kalman filtering and optimal control[J]. Modeling,Identification and Control,1980,1(3):135-163.

[4] DENG Z L,GU L L. The application of genetic theory in ship dynamic positioning system[J]. Dyn. Contin. Discret. Impuls. Syst. Ser. B-Appl. Algorithms,2006(13):1095-1098.

[5] FOSSEN T. Guidance and control of ocean vehicles[M]. New York:Wiley,1994.

[6] FUNG P T K,GRIMBLE M J. Dynamic ship positioning using a self-tuning Kalman filter[J]. IEEE transactions on automatic control,1983,AC-28(3):339-349.

[7] KATEBI M R,YAMAMOTO I,MATSUURA M,et al. Robust dynamic ship positioning control system design and applications[J]. Int J Robust Nonlinear Control,2001,11(13):1257-1284.

[8] NAKAMURA M,KOTERAYAMA W,KAJIWARA H,et al. Model experiments on dynamic positioning system using gain scheduled controller[J]. Int J Offshore Polar Eng,2001,11(4):267-272.

[9] TANNURI E A,MORISHITA H M. Experimental and numerical evaluation of a typical dynamic positioning system[J]. Apply Ocean Res,2006,28(2):133-146.

[10] 付明玉,丁福光,边信黔,等.船舶动力定位系统滤波器的设计与研究[J].船舶工程,1996(6):43-48.

[11] 何黎明,田作华,施颂椒.动力定位船舶的非线性观测器设计[J].上海交通大学学报,2003,37(6):964-969.

[12] 姜华,王建平.Kalman滤波技术在船舶动力定位技术中的应用[J].大连海事大学学报,1998,24(2):54-57.

[13] 李家炜,秦再白,徐玉如,等.动力定位系统的模糊自适应控制[J].海洋工程,1998,16(4):27-33.

[14] 李家炜,徐玉如.船舶机动定位技术及其实现方法[J].海洋工程,2000,18(1):29-32.

[15] 芮世民,朱继懋,黄根余.应用自适应模糊控制实施船舶动力定位[J].上海交通大学学报,2000,34(1):56-59.

[16] 童进军,何黎明,田作华.船舶动力定位系统的数学模型[J].船舶工程,2002(5):27-29.

[17] 王宗义,肖坤,庞永杰,等.船舶动力定位的数学模型和滤波方式[J].哈尔滨工程大学学报,2002,23(4):24-28.

[18] 王丹.工程船舶锚泊系统分析与应用[D].武汉:武汉理工大学,2007.

[19] 朱连宇.非自航工程船舶锚泊设备配置计算探讨[J].天津航海,2007(3):13-15.

[20] 余龙,谭家华.深水中悬链线锚泊系统设计研究进展[J].中国海洋平台,2004(3):24-29.

[21] 贾欣乐,杨盐生.船舶运动数学模型——机理建模与辨识建模[M].大连:大连海事大学出版社,1999.

[22] 薛梅,巩艳华.基于理性遗传算法的模糊系统辨识[J].计算机工程与应用,2008(14):73-75.

[23] 高桂革,曾宪文,顾幸生.基于小波逼近变换的非线性分布参数系统辨识[J].控制工程,2008(4): 410-411.

[24] 徐小平,钱富才,刘丁,等.基于 PSO 算法的系统辨识方法[J].系统仿真学报,2008(13):3525-3528.

[25] BAI E W,HUANG Y. Variable gain parameter estimation algorithms for fast tracking and smooth steady state[J]. Automatica,2000,36:1001-1008.

[26] 万峰,孙优贤.非线性系统辨识中模糊模型参数收敛问题的进一步研究[J].自动化学报,2007(1): 109-112.

[27] 朱世增,党选举.基于相关向量机的非线性动态系统辨识[J].计算机仿真,2008(6):103-107.

[28] 刘清.船舶操纵运动模糊神经网络控制系统研究[D].武汉:武汉理工大学,2002.

[29] 孟浩.船舶航行的智能自适应控制研究[D].哈尔滨:哈尔滨工程大学,2003.

[30] 姚淑慧,陈英士.自适应自动舵控制系统基本分析方法[J].大连海事大学学报,1998,24(1): 109-111.

[31] 杨盐生,余晓利,贾欣乐.船舶航向自适应鲁棒 PID 自动舵设计[J].武汉交通科技大学学报,1999 (6):594-598.

[32] 杨盐生,贾欣乐.船舶航向的变结构控制自动舵设计[J].大连海事大学学报,1998,24(1):14-18.

[33] 胡耀华,贾欣乐.广义预测控制应用于船舶航向和航迹保持[J].中国造船,1998(1):36-41.

[34] 胡耀华,贾欣乐.船舶运动的预测控制[J].大连海事大学学报,1998,24(1):6-10.

[35] ZADEH L A.模糊集合、语言变量及模糊逻辑[M].陈国权,译.北京:科学出版社,1982.

[36] SUTTON R,JESS I M. Design study of a self-organizing fuzzy autopilot for ship control[J]. Proceedings I:Institution of Mechanical Engineers,1991,20(5):35-47.

[37] PROCYK T J,MAMDANI E H. A linguistic self-organizing process controller[J]. Automatica,1979 (15):15-30.

[38] LAYNE J R,PASSINO K M. Fuzzy model reference learning control or cargo ship steering[J]. IEEE Trans Control Syst Mag,1993,13(6):23-34.

[39] PARSONS M G,CHUBB A C,YUSONG C . An assessment of fuzzy logic vessel path control[J]. IEEE J,Oceanic Eng,1995,20(4):276-284.

[40] 姚刚,汤天浩.一种基于 PD 与模糊复合控制的船舶航向变结构控制器[J].上海海运学院学报, 2003,24(3):200-204.

[41] 莫友声,孙军锋,李思恩.模糊自适应控制及其应用[J].上海交通大学学报,1996,30(11):67-74.

[42] 胡江强,杨盐生,任俊生.智能积分型的船舶航向自动舵[J].大连海事大学学报,2004,30(1):14-17.

[43] ENDO M,VAN-AMERONGEN J,BAKKERSA W P. Applicability of neural networks to ship steering[J]. CAMS,1989:221-232.

[44] BURNS R S. The use of artificial neural networks for the intelligent optimal control of surface ships[J]. IEEE J,Oceanic Eng,1995,20(1):65-72.

[45] HEARN G E,SEN P,ZHANG Y. Ship motion control by on-line trained neural networks[J]. Proc Third International Conference on the Manoeuvring and Control of Marine Craft,Southampton,UK, 1994:75-88.

[46] ZHANG Y,HEARN G E,SEN P. A neural network approach to ship track-keeping control[J]. IEEE

Journal of Oceanic Engineering,1996,21:513-527.

[47] ZHANG Y,SEN P,HEARN G E. A multivariable neural controller for automatic ship berthing[J]. IEEE Control System Magazine,1997,17:31-45.

[48] 程启明,万德钧,陈雪丽.遗传学习算法的神经网络自适应船舶操纵控制系统研究[J].模式识别与人工智能,1998,11(3):305-309.

[49] 程启明,万德钧,黄林.基于神经网络自适应 PID 控制的船舶操纵研究[J].电子测量与仪器学报,1998,12(2):32-36.

[50] 鲛岛直人.荒天锚泊法に关する实验研究(第一报)[J].日本航海学会论文集,1960(22).

[51] 米田谨次郎.荒天锚泊法に关する实验研究[J].日本航海学会论文集,1960(22).

[52] PER I J. A finite element model for dynamic analysis of mooring cables[D]. Doctor Thesis of MIT,1976.

[53] FAN J,CHEN X,JI C. Dynamic analysis of a turret-moored tanker[J]. China Ocean Engineering,2000,14(1):103-112.

[54] JOHN B,IAN M,GILL M. Multivariate extreme value analysis of a moored semi- submersible[J]. Marine Structure,1997(10):443-463.

[55] JUELV S. A three-dimensional dynamic analysis of a towed system[J]. Ocean Eng,1983,9(5):483-499 .

[56] 王艳妮.海洋工程锚泊系统的分析研究[D].哈尔滨:哈尔滨工程大学,2006.

[57] 魏云雨.锚泊偏荡运动数学模型的研究[D].大连:大连理工大学,2001.

[58] 魏云雨,洪碧光,于洋.锚泊运动的数学模型[J].大连海事大学学报,2004(3):21-23.

[59] CHAI Y T,VARYANI K S,BARLTROP N D P. Semi-analytical quasi-static formulation for three-dimensional partially grounded mooring system problems[J]. Ocean Eng,2002(29):627-649.

[60] 黄剑,朱克强.半潜式平台两种锚泊系统的静力分析与比较[J].华东船舶工业学院学报:自然科学版,2004(3):1-5.

[61] 孙宁松.海上移动式平台锚泊定位系统锚索链受力分析[J].中国海洋平台,2008(2):41-44.

[62] 马延德,孙德壮,王言英.浮式生产储油船锚泊定位性能计算[J].中国造船,2006(4):15-20.

[63] GAILLARD F,TERRE T,GUILLOT A. Monitoring moored instrument motion by optimal estimation[J]. Ocean Eng,2006,33(1):1-22.

[64] GARZA-RIOS L O,BERNITSAS M M. Analytical expressions of the bifurcation boundaries for symmetric spread mooring systems[J]. Appl Ocean Res,1995,17(6):325-341.

[65] LEIRA B J,BERNTSEN P I B,AAMO O M. Station-keeping of moored vessels by reliability-based optimization[J]. Probab Eng Mech,2008,23(2-3):246-253.

[66] MC-KENNA H,WONG R K. Synthetic fiber rope,properties and calculations relating to mooring systems[J]. Deepwater Mooring & Drilling,ASME Trans,Ocean Engng Div,1979(7):189-203.

[67] 高捷,谭家华.用多目标决策方法优选浮式生产储油油轮定位方案[J].中国造船,2000(2):3-9.

[68] 茅昕.新型船用锚泊定位装置的设计[J].机电设备,2007(6):7-10.

[69] 余龙,谭家华.深水二维对称式布置两成分锚泊线时域动力分析[J].江苏科技大学学报:自然科学版,2006(4):6-10.

[70] 冯刚,吴海帆,黄洪钟,等.工程船锚泊移位系统的最优控制策略及拟静力分析[J].海洋工程,2001,

19(4):1-4.

[71] 陆昊.专家控制及其在工程船舶运动控制中的应用研究[D].武汉:武汉理工大学,2006.

[72] 张媛.遗传算法优化模糊控制器的工程船舶控制方法的研究[D].武汉:武汉理工大学,2005.

[73] 张媛,李志俊.基于GA优化模糊控制规则的工程船舶控制方法[J].船海工程,2005,165(2):28-31.

[74] 牛萍,王建国,潘学军,等.模糊神经网络系统在滩海铺管敷缆船中的应用设计[J].船舶工程,2000(5):28-32.

[75] 李冬荔,王彪,杨亮.船舶操纵线性水动力导数计算方法研究[J].中北大学学报:自然科学版,2008,29(6):531-537.

[76] 刘应中,缪国平,李谊乐,等.系泊系统动力分析的时域方法[J].上海交通大学学报,1997,31(11):7-12.

[77] 石爱国,侯建国,蔡烽,等.舰船风中运动仿真模型研究[J].中国航海学会海洋船舶驾驶专业委员会天气海洋与航海安全论文集,2000:151-159.

[78] 刘应中,缪国平.船舶在波浪上的运动理论[M].上海:上海交通大学出版社,1987.

[79] GARZA-RIOS L O, BERNITSAS M M, NISHIMOTO K. Slow motion dynamics of DICAS mooring systems under steady current wind and steady drift excitation[J]. Offshore Engineering,1999(1):47-61.

[80] 张纬康,杜度.系泊船舶动力学特性的计算机仿真研究[J].中国造船,2004,45(4):1-10.

[81] 陈君义.船艺[M].北京:人民交通出版社,1992.

[82] 杜度,张宁,马骋,等.系泊系统的时域仿真及其非线性动力学特性分析[J].船舶力学,2005,9(4):37-45.

[83] 聂孟喜,王旭升,王晓明,等.风、浪、流联合作用下系统系泊力的时域计算方法[J].清华大学学报:自然科学版,2004,44(9):1214-1217.

[84] 藤野正隆.単錨泊時の潮流にょる船体振れまおり運動の実用計算法[J].日本造船学会論文集,1983:78-80.

[85] 庄司邦昭.系留索じ動く張力の解析[J].東京商船大学研究報告,1986,37:25-26.

[86] 肖越,王言英.三维锚泊系统时域计算分析[J].船舶力学,2005,9(5):8-16.

[87] 肖越.系泊系统时域非线性计算分析[D].大连:大连理工大学,2005.

[88] 侯建军,东昉,石爱国,等.锚泊状态下锚链作用力的计算方法[J].大连海事大学学报,2005,31(4):10-14.

[89] 翁维勤,孙洪程.过程控制系统及工程[M].北京:化学工业出版社,2002.

[90] 邵裕森,戴先中.过程控制工程[M].北京:机械工业出版社,2000.

[91] 王树青.工业过程控制工程[M].北京:化学工业出版社,2003.

[92] HECHT N R. Theory of the backpropagation neural networks[J]. Proceeding of the International Joint Conference on Neural Networks,1989(1):593-611.

[93] HORNIK K. Multiplayer feedforward networks are universal approximators[J]. Neural network,1989(2):359-366.

[94] 刘延年,冯纯伯.用神经网络进行非线性离散动态系统辨识的可行性[J].控制理论与应用,1994,11(4):413-419.

[95] 王永骥,涂健.神经网络控制[M].北京:机械工业出版社,1998.

[96]　徐丽娜.神经网络控制[M].哈尔滨:哈尔滨工业大学出版社,1999.

[97]　HUANG Z,WANG Y,LIU Q. Modeling vessel mooring shift system using particle swarm optimization and the neural network technology[J]. Advances in Systems Science and Applications,2007,7(2):246-252.

[98]　周开利,康耀红.神经网络模型及其 MATLAB 仿真程序设计[M].北京:清华大学出版社,2005.

[99]　KENNEDY J,EBERHART R C,SHI Y. Swarm Intelligence[M]. San Francisco:Morgan Kaufman Publishers,2001.

[100]　SUN J,FENG B,XU W. Particle Swarm Optimization with Particles Having Quantum Behavior[J]. Proceedings of the IEEE Congress on Evolutionary Computation,2004:325-331.

[101]　SUN J,XU W,FENG B. A global search strategy of quantum-behaved particle swarm optimization [J]. Proceedings of IEEE Conference on Cybernetics and Intelligent Systems,2004:111-116.

[102]　KENNEDY J E. Particle swarm optimization[J]. Proc IEEE Int Conf on Neural Networks,1995: 1942-1948.

[103]　SHI Y,EBERHART R C. A modified particle swarm optimizer[J]. Proceedings of IEEE International Conference on Evolutionary Computation (CEC 1998),Piscataway,NJ,1998:69-73.

[104]　SHI Y,EBERHART R C. Empirical study of particle swarm optimization[J]. Proceedings of the World Multiconference on Systemics,Cybernetics and Informatics,Orlando,FL,2000:1945-1950.

[105]　CLERC M. The swarm and queen:towards a deterministic and adaptive particle optimization[J]. Proceedings of the IEEE Congress on Evolutionary Computation,1999:1951-1957.

[106]　CLERC M,KENNEDY J. The particle swarm-explosion,stability and convergence in a multidimensional complex space[J]. IEEE Transactions and on Evolutionary Computation,2002,6(1):58-73.

[107]　刘波,王凌,金以慧,等.微粒群优化算法研究进展[J].化工自动化及仪表,2005,32(3):1-6.

[108]　TRELEA I C. The particle swarm optimization algorithm:convergence analysis and parameter selection[J]. Information Processing Letters,2003,85(6):317-325.

[109]　SHI Y H. Fuzzy adaptive particle swarm optimization[J]. Preceedings of the IEEE Congress on Evolutionary Computation,2001:101-106.

[110]　RATNAWEERA A,WATSON H C. Self-organizing hierarchical particle swarm optimizer with time-varying acceleration coefficients[J]. IEEE Transactions on Evolutionary Computation,2004,8(3):240-255.

[111]　王俊伟.粒子群优化算法的改进及应用[D].沈阳:东北大学,2006.

[112]　刘宇,覃征,史哲文.简约粒子群优化算法[J].西安交通大学学报,2006,40(8):883-887.

[113]　屈百达,焦竹青,徐保国.多量子粒子群协同优化算法研究[J].计算机工程与应用,2008,44(7):72-74.

[114]　LOVBJERG M,KRINK T. Hybrid particle swarm optimiser with breeding and subpopulations[J]. Proceedings of the Genetic and Evolutionary Computation Conference,2001:469-476.

[115]　VAN- DEN-BERGH F. A cooperative approach to particle swarm optimization[J]. IEEE Transactions on Evolutionary Computation,2004,8(3):225-239.

[116]　林川,冯全源.一种新的自适应粒子群优化算法[J].计算机工程,2008,34(7):181-183.

[117]　LOVBJERG M,KRINK T. Extending particle swarms with self-organized criticality[J]. Proceedings of the

Fourth Congress on Evolutionary Computation,Hobolulu,HI,USA,2002:1588-1593.

[118] XIE X F,ZHANG W J. A dissipative particle swarm optimization[J]. Proceedings of the IEEE Congress on Evolutionary Computation,Hobolulu,HI,USA,2002:1456-1461.

[119] KENNEDY J . Population structure and particle swarm performance[J]. Proceedings of the IEEE Congress on Evolutionary Computation,Hobolulu,HI,USA,2002:1671-1676.

[120] ANGELINE P J. Using selection to improve particle swarm optimization[J]. IEEE International Conference on Evolutionary Computation,Anchorage,Alaska,1998:84-89.

[121] 高鹰,谢胜利.基于模拟退火的粒子群优化算法[J].计算机工程与应用,2004(1):47-50.

[122] 吕振肃,侯志荣.自适应变异的粒子群优化算法[J].电子学报,2004,32(3):416-420.

[123] 林星,冯斌,孙俊.基于边界变异的量子粒子群优化算法[J].计算机工程,2008,34(12):187-188,191.

[124] 林星,冯斌,孙俊.混沌量子粒子群优化算法[J].计算机工程与设计,2008,29(10):2610-2612.

[125] 葛洪伟,靳文辉.变异量子粒子群优化算法在系统辨识中的应用[J].计算机工程与应用,2007,43(29):222-2254,2238.

[126] 王璋,冯斌,孙俊.含维变异算子的量子粒子群算法[J].计算机工程与设计,2008,29(06):1478-1481.

[127] EBERHART R C,SHI Y. Comparing inertia weights and constriction factors in particle swarm optimization [J]. Proceedings of the 2000 Congress on Evolutionary Computation,2000:84-88.

[128] KENNEDY J. Stereotyping:improving particle swarm performance with cluster analysis[J]. Proceedings of the 2000 Congress on Evolutionary Computation,2000(1502):1507-1512.

[129] 王俊年,申群太,陈湘州.自适应神经-模糊推理系统的混合协同微粒群算法进化设计[J].系统工程理论与实践,2006(8):48-54.

[130] 张航.非线性系统的神经模糊建模研究[D].大庆:大庆石油学院,2004.

[131] 张凯,钱锋,刘漫丹.模糊神经网络技术综述[J].信息与控制,2003,32(5):431-435.

[132] 章庆生.长江岸堤防洪沉链排铺设工程船的研制[J].江苏船舶,2005(3):1-5.

[133] HYDRAULICS W D. The Eastern Scheldt barrier:Environmentally friendly engineering? The 2nd International Conference on Civil Engineering,Territory and the Environment of the Colegio de Ingenieros de Camines,Canales y Puertos[J]. Santiago de Compostela,Spain,2004:1269-1282.

[134] HUMMEL H. FORTUIN A W,MEIJBOOM A,et al. Mortality of intertidal benthic animals after a period of prolonged emersion[J]. J Ep,Mrrr Bid Ed,1988(121):247-254.

[135] 唐军,刘正友.长江口深水航道治理工程船的设计[J].船舶设计通讯,2000(3):28-34.

[136] 曹根祥.长江口深水航道治理整治建筑物施工与关键技术研究[D].南京:河海大学,2004.

[137] 陆梅兴.航道治理工程软体排铺设船关键技术的研究[D].上海:上海海运学院,2003.

[138] 邢晨.基于以太网和OPC技术的异构网络系统设计与实现[D].武汉:武汉理工大学,2006.

[139] 胡友健.全球定位系统原理与应用[M].北京:中国地质大学出版社,2003.

[140] HAWTHORN T . No need to dredge in the dark[J]. Dredging and Port Construction,1998(4):31-32.

[141] CHISHOLM G . Precise 3D location of dredge head allows rapid response [J]. Dredging and Port Construction,1998(9):12.

[142] 杨明,郑叔芳,孙镜明.挖泥船作业微机测控系统[J].船舶工程,1995(2):42-44.

[143] 钟振宇,叶富乐.挖泥船现场监视系统设计[J].交通与计算机,1997,15(6):56-59.

[144] 林风,史美祥,金华.绞吸挖泥船工况监测系统[J].水运工程,2000,323(12):78-82.

[145] 张显库,任光,刘军,等.综合船舶监控系统设计[J].中国造船,2002,43(2):71-80.

[146] 黄家钱.利用 GPS 卫星定位技术对疏浚工程船舶进行施工定位[J].水运工程,2003,355(8):74-76.

[147] 陈国平,王庆丰,陶国良.挖泥船作业综合监控系统的研究与开发[J].船舶工程,2004(3):50-53.

[148] 袁存安.全球定位系统原理与应用[M].大连:大连海事大学出版社,1999.

[149] 薛君.基于 GPS 定位技术的工程船舶监控系统的研究与应用[D].武汉:武汉理工大学,2009.